Cahiers du trappeur, la bibliothèque nature.

Dans la même collection

En montagne
Rouler, voler, flotter
Ton chien
Du ciel à la boussole
Dans ta cabane

ISBN : 2.84113.637.X
Dépôt légal : 2e trimestre 1998
Imprimé en Italie
par G. Canale & C. S.p.A., Borgaro T.se, Turin.

Les Fleurs sauvages

Cahiers du trappeur

Nicole Bustarret
Frédéric Lisak
Violette Rennert

Illustrations de Nathalie Locoste

Milan

Introduction

Voici plus de
350 espèces de fleurs
que tu pourras découvrir
dans les bois, le long des
chemins, dans les champs et les
prés, en plaine et en montagne.
Il y en a environ 2 000 en France,
mais tu trouveras ici les plus
communes, celles que
tu rencontreras le plus
souvent.

Les fleurs sont classées en 5 catégories : les blanches, les jaunes, les roses, les bleues, les vertes. Cela n'est pas toujours évident, certaines plantes pouvant avoir des fleurs allant du blanc au rouge en passant par le rose ou le violet, mais tes recherches seront ainsi aiguillées. Ces couleurs correspondent à celles des bandeaux en haut de chaque page. Pour chaque couleur sont présentées d'abord les fleurs des champs, puis les fleurs des bois et enfin les fleurs des montagnes.

Pour chaque plante tu trouveras :

- le **nom commun** en français ;
- le **nom de la famille** à laquelle appartient la fleur, qui te permettra de faire des comparaisons avec des plantes de la même famille ;
- **un ou deux éléments** caractérisant la plante : forme des fleurs, des feuilles, de la tige...
- la **période de floraison** , c'est-à-dire les mois de l'année où tu as le plus de chance de la rencontrer en fleur ;
- la **taille**, indiquée en centimètres (cm) ou en mètres (m) qui correspond, en général, au maximum que tu pourras rencontrer ;

- l'**indication du type de forêt et de sol** où pousse la plante. Les régions où tu pourras la rencontrer. Quand rien n'est indiqué, c'est qu'elle n'est pas attachée à une région ou à un habitat particuliers.
- L'**altitude** à laquelle elle aime pousser, pour les fleurs des montagnes. On parle de fleurs « des montagnes » quand elles poussent au-dessus de 800 m.

Pour certaines un petit logo signifiant :

PROTÉGÉE : il est interdit de cueillir la fleur ou de l'arracher.

TOXIQUE : mieux vaut être prudent quand tu l'examineras.

Des **encadrés** te fournissent des informations complémentaires sur les vertus des plantes, l'origine de leur nom, leurs moyens de reproduction, comment elles s'adaptent au milieu...

Sommaire

L'index te permettra de retrouver la fleur de ton choix. Il te donnera également le nom latin de chaque plante.

Qu'est-ce qu'une fleur ?

Roses, jaunes, vertes, bleues ou blanches, s'étalant sous nos yeux ou fuyant timidement nos regards, les fleurs sont partout. Mais si elles rivalisent ainsi d'originalité et de variété, c'est qu'elles veulent qu'on les remarque. Couleurs, formes et parfums sont autant de moyens pour la fleur d'arriver à ses fins : attirer les insectes. En se posant sur la fleur, ils en dispersent le pollen et assurent la reproduction de la plante.

Le rôle reproducteur des fleurs

Une fleur est l'organe reproducteur d'une plante. Elle comporte des organes mâles, les étamines, et des organes femelles, le pistil, soit réunis dans la même fleur, soit séparés dans des fleurs mâles et des fleurs femelles. C'est pour cela que le rôle des insectes qui, en butinant, transportent le pollen des étamines sur le pistil d'autres fleurs, est si important pour la reproduction.

Un peu de vocabulaire

Les fleurs peuvent être groupées

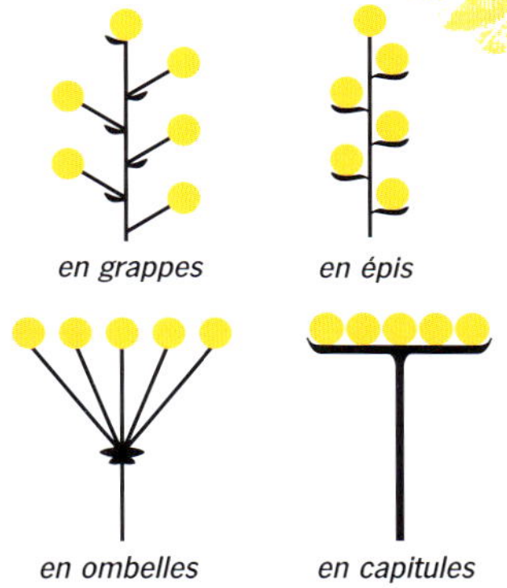

La course à la lumière

En forêt, les feuilles des arbres ont vite fait de cacher tous les rayons du soleil. Comment pousser dans de telles conditions ? Tu découvriras à travers ces pages les nombreuses astuces trouvées par les fleurs des bois pour résoudre ce problème de survie, ainsi que des indications sur leurs vertus, l'origine de leurs noms et leurs moyens de reproduction.

Les feuilles peuvent être

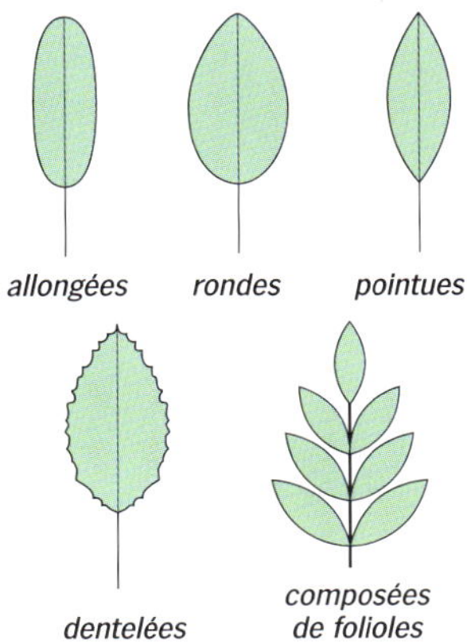

Fragiles

Avec leurs couleurs éclatantes, les fleurs sauvages font de ravissants bouquets. Hélas, elles sont si fragiles qu'elles se fanent rapidement... Alors, plutôt que de les cueillir pour les jeter sitôt rentré à la maison, laisse-les vivre dans la nature. Il est important pour les préserver de ne pas les cueillir ni les abîmer. En apprenant à les connaître là où elles vivent, tu seras sûr que champs, bois et montagnes hébergeront toujours ces bouquets merveilleux.

Les champs

Les prairies sont toutes différentes mais elles ne sont jamais naturelles. Elles se sont formées là où l'homme a défriché la forêt pour installer des cultures ou des pâturages. S'il n'intervenait plus, les prairies redeviendraient forêts.

• Les champs cultivés
Malgré les engrais et les herbicides, on y trouve quand même des fleurs sauvages rebelles.

• Les friches et les décombres
Ils sont à l'abandon mais l'homme a laissé sa marque. Le sol n'est pas à l'état naturel.

• Les prairies
– Pâturages : ce sont des prairies dans lesquelles on fait brouter le bétail. L'herbe est tondue en permanence, comme celle des pelouses.

– Prairies de fauche : elles sont fauchées au début et à la fin de l'été. La végétation y est très riche.

– Prairies amendées : prairies de fauche ou pâturages, on y met des engrais pour favoriser la croissance de certaines espèces, plus nutritives pour le bétail.

– Prairies sèches : leur sécheresse est due soit au climat, soit à la nature du sol, calcaire ou sablonneux.

– Prairies humides : argileux ou tourbeux, le sol est saturé d'humidité.

Les forêts

• Forêts de feuillus
En plaine sur l'ensemble de la France et en moyenne montagne, les principales forêts de feuillus sont les hêtraies et les chênaies. Les fleurs y éclosent dès le printemps, et pendant tout l'été.

• Ravins et forêts alluviales
Dans les ravins de montagne, le long des lits des rivières, le sol est riche, humide, et attire une grande variété de fleurs.

• Forêts mixtes
En moyenne montagne et autour de la Méditerranée, feuillus et conifères se mélangent, formant une forêt plus ouverte, où le soleil et les fleurs pénètrent largement.

• Forêts de conifères
Forêts de montagne et du sud (côte atlantique, bassin méditerranéen), peuplées de pins, de sapins ou d'épicéas, elles abritent une flore moins abondante.

La montagne

L'étage nival
Il se situe au-dessus de 3 000 m d'altitude. Là, règnent les rochers et la neige. Seules quelques petites plantes se dépêchent de fleurir durant le court été.

Les étages alpin et subalpin
Ils se situent entre 1 700 et 3 000 m d'altitude. Ici, il n'y a presque plus d'arbres. Les pelouses sèches, les marais et les éboulis rocheux humides sont couverts de fleurs courtes aux couleurs éclatantes.

L'étage montagnard
Il se situe entre 800 et 1 700 m d'altitude. Les landes, les forêts de feuillus et les pâturages accueillent une flore riche et abondante.

L'étage collinéen
Il se situe en dessous de 800 m d'altitude. Dans les champs, les sous-bois et les plaines vivent des fleurs non spécifiques à la montagne.

Fleurs blanches

La couleur blanche des fleurs est due à la présence d'une multitude de minuscules bulles d'air dans les pétales. C'est le même phénomène physique qui donne leur couleur à la neige et à l'écume.

Fleurs blanches des champs

Le tabouret-des-champs

Crucifères
Ses fruits en longue grappe sont larges et ronds et ses feuilles sont disposées tout le long de la tige. Il envahit les champs cultivés.

Mai à septembre.

Le céraiste des champs

Caryophyllacées
Ses fleurs en étoile, aux pétales divisés en 2, forment des petits bouquets au sommet des tiges rampantes. Il vit sur les pelouses.

Avril à juin.

La capselle bourse-à-pasteur

Crucifères
Sa tige porte en même temps des fleurs et des fruits en forme de triangle. C'est une mauvaise herbe des jardins et des terrains vagues.

Toute l'année.

Le compagnon blanc

Caryophyllacées
Ses fleurs blanches et odorantes s'ouvrent le soir. Il pousse partout, dans les champs, les décombres, les chemins.

Mai à septembre.

Le mouron des oiseaux

Caryophyllacées
Les oiseaux raffolent des graines de cette stellaire aux pétales minuscules. Sa tige est molle, elle rampe dans les champs et les jardins.

Toute l'année.

▼

La spergule des champs ►

Caryophyllacées
Cette mauvaise herbe des champs est très tenace. Tu la reconnaîtras à ses feuilles filiformes, à ses pétales arrondis et réguliers.

Juin à septembre.

▲

La stellaire graminée

Caryophyllacées
Elle a une tige grêle et des fleurs d'un blanc pur, aux pétales étroits divisés en 2. Elle égaye les pâturages et la lisière des cultures.

Avril à juin.

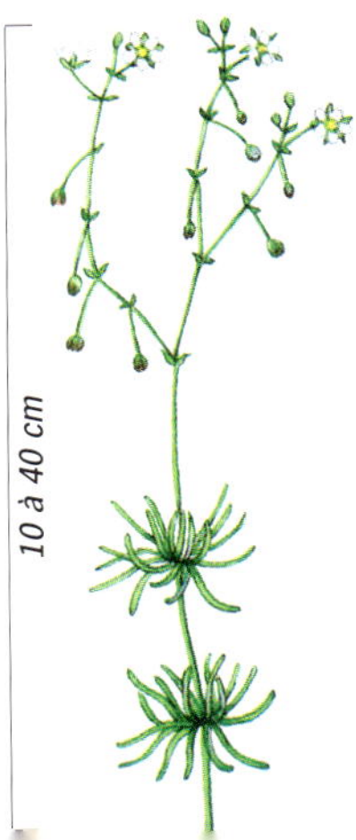

▲

Le silène enflé

Caryophyllacées
Tu peux faire éclater la partie enflée du calice sur ta main, comme un pétard. Il est répandu dans toutes les prairies.

Juin à septembre.

Drôles de noms

Tabouret-des-champs, mouron des oiseaux, compagnon blanc, les fleurs portent souvent de drôles de noms dont on trouve l'origine dans les traditions populaires. Mais leur nom scientifique, donné par les botanistes et utilisé dans tous les pays, est formé de 2 mots latins. Tu le trouverai dans l'index.

La grande ciguë

Ombellifères
Évite de toucher cette grande plante, aux feuilles très découpées et à l'odeur désagréable, elle est très toxique. Elle aime les terrains vagues.

Juin à août.

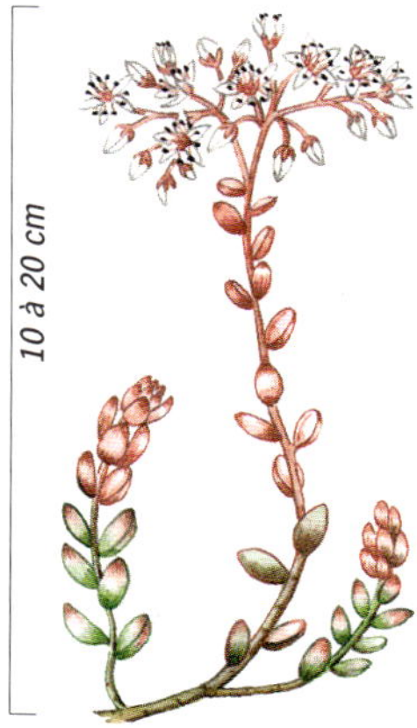

L'orpin blanc ▲

Crassulacées
Sa tige rampante porte des fleurs en étoile et des feuilles courtes, épaisses, appelées « tétines de souris ». Il aime les sols caillouteux.

Mai à août.

Le gaillet blanc

Rubiacées
Jaunâtres quand elles sont fermées, ses fleurs très nombreuses deviennent d'un blanc pur en s'épanouissant. Il pousse dans les prairies.

Mai à août.

▼

◀ Le podagraire

Ombellifères
Ses fleurs sont réunies en ombelles au bout de longues tiges rampantes qui s'enracinent et envahissent les cultures.

Juin-juillet.

Elles rampent, elles rampent...

Les tiges de certaines mauvaises herbes, comme le podagraire, se faufilent au ras du sol, prennent racine et permettent à la plante de s'incruster partout. C'est le cauchemar des cultivateurs !

La grande berce

Ombellifères
Elle a une tige dure, velue et creuse, des feuilles découpées à bord denté, et des fleurs plus grandes sur le bord de l'ombelle. Elle pousse partout.

Juin à septembre.

La saxifrage granulée

Saxifragacées
Elle a de jolies petites fleurs blanc neige et des feuilles lobées, fixées à la base d'une tige velue et poisseuse. On la trouve dans les prairies.

Mai-juin.

La carotte sauvage

Ombellifères
Ses feuilles sentent la carotte. Regarde bien, une unique fleur pourpre se distingue des blanches au centre de l'ombelle. Elle vit dans les prés calcaires.

Juin à septembre.

Difficiles à reconnaître

Les fleurs de la famille des Ombellifères se ressemblent beaucoup et sont difficiles à reconnaître les unes des autres. Méfie-t'en et ne les cueille pas, certaines sont toxiques !

Le cerfeuil sauvage

Ombellifères
Sa tige creuse est striée, ses feuilles rappellent la fougère. Il est abondant dans les prairies engraissées au purin et le long des sentiers.

Avril à août.

Au ras des pâquerettes

Lorsqu'une pelouse est tondue régulièrement, les fleurs de grande taille ne peuvent se développer normalement. Ne survivent que celles qui s'étalent comme le trèfle rampant, ou qui deviennent de plus en plus naines comme la pâquerette ou le pissenlit.

La marguerite des prés

Composées

Encore une cousine de la pâquerette, mais beaucoup plus grande, avec des pétales plus blancs. Elle se dresse sur sa longue tige aux feuilles dentées, dans les prairies et au bord des routes.

Mai à août.

▼

▲

La grande camomille

Composées

Sa tige porte plusieurs fleurs et des feuilles dentées. Elle pousse dans les décombres. On la cultive aussi dans les jardins.

Juillet à septembre.

Le trèfle rampant ▲

Papilionacées

Avec sa tige rampante aux feuilles à 3 folioles, il envahit les gazons. Il résiste à tout, même au piétinement des terrains de sport !

Mai à septembre.

La pâquerette ▲

Composées

Petite mais robuste, elle porte une seule fleur au sommet d'une tige courte, pourvue de feuilles en rosette à la base. Elle fleurit les pelouses rases.

Février à novembre.

La camomille

Composées
Cœur jaune et languettes blanches comme la pâquerette, mais elle est plus grande, ses feuilles sont en lanières et ses pétales se rabattent vers le bas en se fanant. Elle pousse partout.

Mai à août.

Le lin des prés ►

Linacées
C'est une plante grêle, à la tige très fine et aux feuilles minuscules. Ses petites fleurs blanches semblent flotter au-dessus des prés.

Juin à septembre.

L'achillée millefeuille

Composées
Abondante dans les pâturages, ses « mille » feuilles sont finement ciselées, ses fleurs parfois teintées de rose sont réunies en fausses ombelles.

Juin à octobre.

Le mélilot blanc

Papilionacées
Les fleurs en grappes allongées s'épanouissent en haut de tiges ramifiées. Il aime les sols caillouteux, le bord des voies ferrées.

Juillet à septembre.

Vive le soleil !

Les fleurs aiment le soleil. Certaines, comme la marguerite, sont toujours tournées vers lui. La pâquerette ne s'ouvre que vers midi et suit le soleil jusqu'à son coucher.

Attention poisons

Beaucoup de plantes sont toxiques car elles renferment un ou plusieurs poisons. En ce qui concerne la morelle, par exemple, ce sont surtout les baies noires qui sont dangereuses. Quant à la grande ciguë (*voir* p. 14), toutes les parties de la plante sont toxiques et provoquent une paralysie du système nerveux, jusqu'à la mort. Heureusement ces poisons donnent en général un goût si amer à la plante qu'on ne risque pas d'en manger volontairement !

◄ La molène lychnite

Scrofulariacées
Le dessous de ses feuilles pointues est couvert de poils. Elle aime la chaleur et les sols calcaires, les pelouses sèches ou les remblais.

Juin à septembre.

La morelle noire

Solanacées
On l'appelle « crève-chien » car ses petites fleurs blanches, d'aspect inoffensif, donnent des baies noires très toxiques. Elle pousse partout.

Juin à octobre.

▼

◄ L'euphraise vulgaire

Scrofulariacées
Le pétale du bas, divisé en 3 lobes, présente des stries violettes et une tache jaune. Elle est fréquente dans les prairies.

Juillet à octobre.

L'épiaire dressé

Labiées
Il a une tige et des feuilles velues, un calice à dents épineuses. Il vit plutôt sur les sols caillouteux, les pelouses maigres.
Juin à octobre.

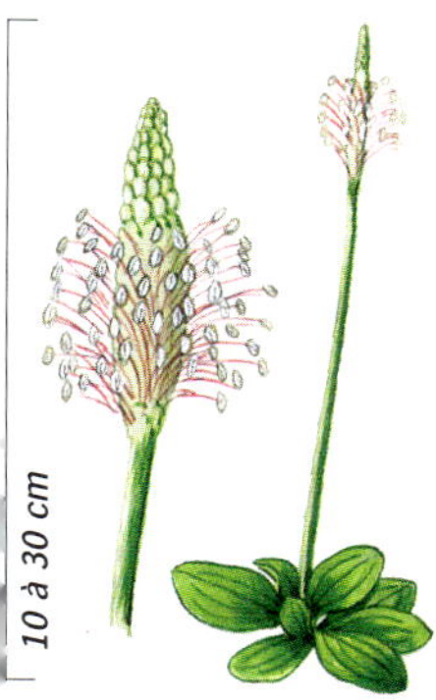

La renouée des oiseaux

Polygonacées
Elle est discrète avec ses tiges couchées, ses fleurs minuscules nichées à l'aisselle des feuilles. Elle envahit les champs à l'abandon.
Juin à octobre.

Le plantain moyen

Plantaginacées
Il a des tiges plus courtes et des épis de fleurs plus allongés que le lancéolé. Il est abondant partout, jusque sur les terrains de sport.
Mai à septembre.

Plus ou moins grandes

La taille des plantes varie selon le terrain où elles poussent. Sur un sol enrichi en fumier elles peuvent atteindre des hauteurs records. Sur une falaise ventée ou une pelouse tondue, elles restent basses.

Le plantain lancéolé

Plantaginacées
Ses épis trapus se dressent sur une tige nue, rêche, entourée à la base de feuilles allongées. Tu en verras dans tous les pâturages.
Avril à octobre.

Vaincre l'ombre

Comment capter un maximum de lumière avec un minimum de feuilles ? En les disposant comme la stellaire, 2 par 2, alternées régulièrement pour ne pas se faire d'ombre !

Le gaillet gratteron

Rubiacées

Ses fleurs minuscules se nichent au creux de ses feuilles. Celles-ci sont, comme le reste de la plante, recouvertes de poils accrocheurs ! Tu le verras surtout dans les haies et les lisières humides et fraîches.

Mai à octobre.

Fleurs blanches des bois

La stellaire des bois ►

Caryophyllacées

Ses pétales sont tellement divisés qu'on dirait qu'il y en a 10 par fleur et non 5. Comme sa cousine la stellaire holostée, ses feuilles sont alternées 2 par 2, mais elles sont plus larges, en forme de cœur.

Mai à août.

La stellaire holostée

Caryophyllacées

Ses larges fleurs sont reconnaissables à leur forme d'étoile à 5 pétales doubles, fendus jusqu'au milieu. Ses longues feuilles pointues poussent 2 par 2, alternées perpendiculairement.

Avril-mai.

La surelle

Oxalidacées

Cette petite plante délicate pousse à l'ombre de forêts humides. Ses feuilles en forme de trèfle se referment au contac du soleil, la nuit et quand on la touche, et ses fleurs blanches veinées de rose sont uniques.

Avril-mai.

Stellaire holostée : composée de mille os

Son nom latin, *stellaria holostea*, signifie « étoile entièrement composée d'os ». On l'appelle ainsi parce que sa tige est composée de segments dilatés aux nœuds, comme des os, et disposés en chapelet.

La cardamine impatiente

Crucifères

Tu la trouveras souvent en groupes, dans les forêts humides et fraîches. Ses fleurs, toutes petites, poussent en grappes denses, le long de tiges assez ramifiées.

Avril à juillet.

▼

L'aspérule odorante

Rubiacées

Regarde ses feuilles en étoiles à 6 ou 8 branches, et ses fleurs en petites croix à 4 pétales. Elle pousse surtout en tapis dans les forêts de feuillus.

Avril-mai.

▼

L'alliaire ▲

Crucifères

Ses petites fleurs à 4 pétales poussent en bout de tige, regroupées en bouquet. Et sa tige et ses feuilles, si tu les écrases, dégageront une forte odeur d'ail. Elle aime les haies et les bords des chemins.

Avril à juin.

Le tamier commun

Dioscoréacées

Cette plante grimpante enroule ses tiges aux autres plantes des haies où elle pousse. Ses minuscules fleurs blanc-vert forment de petites grappes qui porteront plus tard des baies rouges. On l'appelle aussi l'herbe aux femmes battues.

Mai à septembre.

►

Attention gourmand !

Des renards coquins se baladent dans certaines forêts et déposent des germes de maladies sur les fraisiers et les pissenlits. Dans ces régions (le centre et le nord-est de la France), il vaut mieux pour toi éviter de manger les fraises sauvages…

La trientale d'Europe

Primulacées

Regarde ses drôles de fleurs : comme la corolle a 6 ou 7 pétales pointus, la capsule s'ouvre en 6 ou 7 valves. Ses feuilles, elles, forment une espèce de bouquet en haut de la tige. Elle pousse surtout dans les forêts de montagne.

Mai à juillet.

▼

La potentille faux-fraisier

Rosacées

Pour différencier la potentille du fraisier, regarde ses fleurs : ses 5 pétales en cœur ne se recouvrent pas, et laissent apparaître entre eux 5 sépales vert pâle.

Avril-mai.

▼

La clématite ▲

Renonculacées

Cette liane, très commune, peut grimper jusqu'à 30 m. Ses fleurs, très parfumées, donnent des fruits légers comme des plumes, qui persistent longtemps en hiver.

Juillet à septembre.

◄ La pyrole à 1 fleur

Pyrolacées

Une seule grande fleur blanche et odorante sur une tige nue, avec juste un bouquet de feuilles arrondies à ses pieds, c'est la pyrole. Assez rare, elle aime particulièrement les sols moussus des bois de montagne.

Mai à juillet.

L'anémone sauvage ►

Renonculacées

Plus haute que l'anémone Sylvie, ses fleurs sont plus larges (4-7 cm) et elle est entièrement velue, toute soyeuse. Assez rare, elle pousse surtout dans le Nord-Est, dans les forêts claires.

Avril à juin.

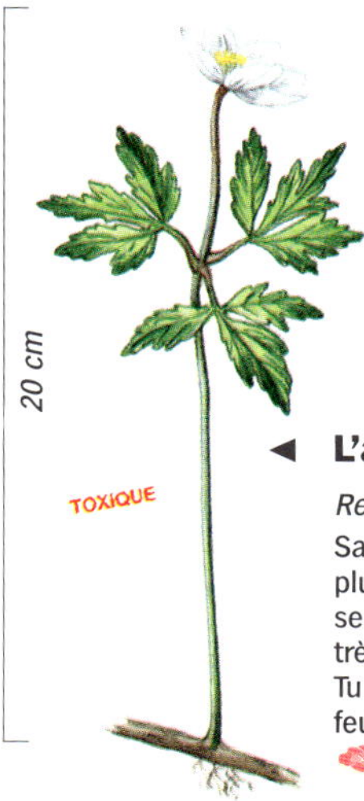

◄ L'anémone Sylvie

Renonculacées

Sa fleur blanche à 6 pétales (parfois plus), toujours tournée vers le soleil, se ferme quand il pleut et ses feuilles très découpées poussent par 3.
Tu la trouveras dans les forêts de feuillus, souvent en colonies.

Mars-avril.

Le fraisier des bois ▲

Rosacées

Très courant, le fraisier des bois se reconnaît à ses feuilles dentelées à 3 folioles, et à ses fleurs à 5 pétales blancs arrondis qui se touchent et entourent le cœur jaune.

Mai-juin.

▲ Le dompte-venin

Asclépiadacées

Cette plante aux fleurs blanc pur ou crème regroupées en petits bouquets pousse généralement dans les chênaies et les pinèdes claires où le soleil pénètre largement.
Son fruit allongé et pendant est caractéristique.

Mai à août.

Poison mortel

Parmi les embûches rencontrées par les fleurs des bois pour survivre, il y a les lapins, les chevreuils et autres herbivores. Pour s'en protéger, certaines espèces comme les anémones sécrètent un poison très nocif.

Où est le sceau-de-salomon ?

Sous terre !
En effet, ses racines en rhizomes forment une suite de petites boules marquées chacune d'un drôle d'œil. Ce sont les traces laissées par les anciennes tiges, et tu peux grâce à elles compter l'âge de la plante : un « sceau » égale une année !

▲

Le sceau-de-salomon odorant

Liliacées

Ses clochettes, contrairement au sceau-de-salomon multiflore, ne sont jamais réunies à plus de 2, et sa tige est nettement anguleuse.
De plus, elle dégage un parfum d'amande amère.

Mai-juin.

Le sceau-de-salomon multiflore

Liliacées

Le long de sa tige arrondie, les fleurs, petites clochettes étroites, sont groupées (on peut en compter jusqu'à 7). Ses feuilles alternes ont des nervures parallèles.

Avril à juin.

▼

◄

Le sureau hièble

Caprifoliacées

On dirait presque un arbuste, parsemé de grappes de fleurs blanches. Attention, ses baies noires sont toxiques, et ses feuilles froissées dégagent une odeur très désagréable.

Juin à août.

La raiponce en épi ►

Campanulacées

Son épi ovale, légèrement verdâtre au sommet, est en fait formé par une multitude de petites fleurs blanc crème. Ses feuilles ressemblent à des cœurs dentelés.

Mai à juillet.

La valériane officinale

Valérianacées

Grande plante robuste et spectaculaire, elle pousse sur les sols humides.
Ses fleurs sont toutes petites, blanchâtres, rosées ou violacées, regroupées en larges touffes, et ses feuilles ont de nombreuses folioles étroites.

Juin à août.

▼

Le maïanthème à 2 feuilles ▲

Liliacées

On le reconnaît à ses 2 feuilles en forme de cœur, horizontales, à nervures parallèles comme le muguet (on l'appelle aussi muguet des dames), et à ses fleurs minuscules réunies en grappes cylindriques.

Avril à juillet.

L'ail des ours

Liliacées

2 feuilles comme le muguet, une tige triangulaire et une boule de petites fleurs étoilées, et surtout une très forte odeur d'ail : c'est l'ail des ours. Il pousse souvent en colonies, dans les forêts humides.

Mai-juin.

▼

◄ Le muguet

Liliacées

Tu reconnaîtras ses clochettes qui tombent toutes du même côté, et sentent délicieusement bon, et ses longues feuilles ovales.
Mais attention aux baies rouges qui apparaissent vers fin-juin, elles sont très toxiques.

Avril à juin.

Brin de muguet

Si tu veux cueillir un brin de muguet, une nivéole, une perce-neige, une jacinthe ou une autre espèce qui pousse en gardant ses réserves dans un rhizome, ne cueille pas ses feuilles : elles continueront à nourrir le rhizome pour produire de nouveaux pieds.

La sanicle ►

Ombellifères

Ses feuilles luisantes ressemblent à des mains palmées de 3 à 5 doigts, et ses fleurs sont réunies en petites boules blanches ou rosées. Tu la rencontreras à l'ombre des forêts de feuillus.

Mai à juillet.

L'angélique sauvage

Ombellifères

Touffue comme l'égopode, ses fleurs sont blanches ou rosées, et ses feuilles vert foncé, très grandes (jusqu'à 50 cm), sont plusieurs fois divisées. Elle vit dans les forêts humides.

Juillet à septembre.

▼

La circée de Paris

Onagracées

Considérée comme une mauvaise herbe, elle a une tige velue, entourée de feuilles ovales et pointues. Ses fleurs ont souvent des sépales rosés.

Juin à août.

▼

◄ La platanthère à 2 feuilles

Orchidacées

Elle n'a que 2 feuilles, ovales et luisantes, et de nombreuses fleurs fines et parfumées, disposées en grappes lâches. On la trouve couramment dans les bois clairs.

Mai à juillet.

De toutes les couleurs...

• Blanc comme neige... Dans les forêts où la lumière pénètre à peine, le blanc des fleurs est éclatant. Mais ce n'est pas vraiment une couleur... Les tissus des fleurs sont pleins de bulles d'air minuscules qui font office de miroirs et renvoient la lumière.

• Jaune
C'est la couleur préférée des insectes et, par conséquent, la plus courante, tantôt brillante, tantôt poudreuse, dessinant d'invisibles signaux sur les pétales.

• Rose
Il existe peu de fleurs d'un rouge pur, car les insectes ne voient pas cette couleur. Aussi les fleurs varient-elles du rose au pourpre.

• Bleu
S'échelonnant du presque noir au presque blanc, le bleu des fleurs varie comme le ciel, et les insectes y sont toujours sensibles.

La perce-neige ►

Amaryllidacées

Elle n'a que 2 feuilles, longues et étroites, et sa fleur blanche tombe comme une « goutte de lait » (son surnom), ouvrant ses 3 sépales dès qu'il fait soleil. Il est rare de la trouver à l'état sauvage.

Février-mars.

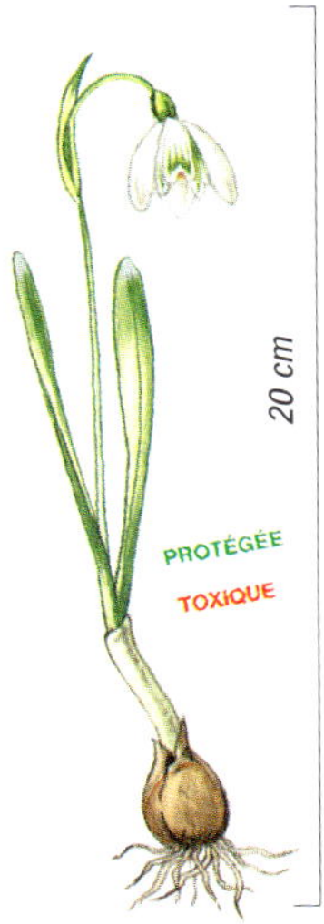

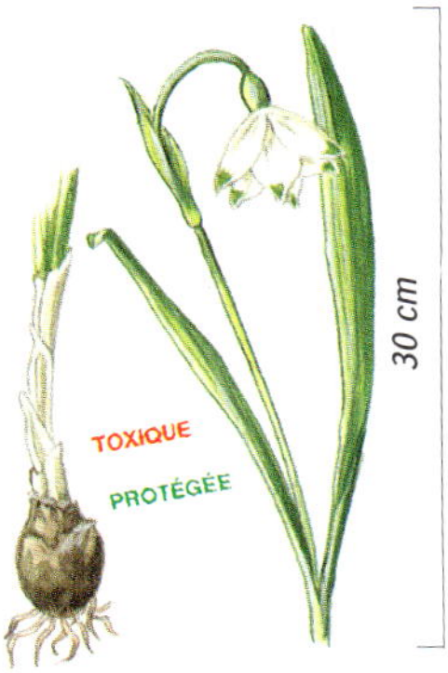

▲

La nivéole de printemps

Amaryllidacées

Ses fleurs, qui répandent une odeur agréable, sont comme des grelots blancs avec une petite tache jaune-vert sur chaque pétale.
Tu la trouveras surtout dans les forêts de feuillus à sol frais.

Février à avril.

La bryone dioïque ►

Cucurbitacées

Elle grimpe le long des haies grâce à ses petites vrilles. Adepte du chiffre 5, elle a des feuilles à 5 branches, et des petites fleurs veinées de vert à 5 pétales. Ses fruits, de petites baies rouges, sont toxiques.

Mai à septembre.

Capteurs solaires

Comment prendre le soleil quand on vit toujours à l'ombre des grands arbres ? La sanicle, la pyrole et la knautie ont trouvé une solution : avec leurs feuilles très sombres, presque noires, elles retiennent les rayons du soleil, exactement comme un capteur solaire !

▲

La céphalanthère à grandes fleurs

Orchidacées

Ses grandes fleurs fermées, jaune pâle ou blanches, sont dispersées le long d'une tige simple, et ses longues feuilles sont peu nombreuses. Assez rare, elle affectionne les forêts de hêtres ou de chênes.

Mai-juin.

Les Renonculacées

Les feuilles sont disposées de façon alternée, et peuvent être très découpées. La forme des fleurs est variée, mais elles sont le plus souvent régulières. Les étamines sont nombreuses.

Le bouton-d'or

La renoncule des Pyrénées ▼

Renonculacées
Ses feuilles sont étroites et longues. Elle pousse sur les pelouses et les pâturages des Alpes, des Pyrénées et de la Corse.

1 500 à 3 000 m.
Mai à juillet.

Fleurs blanches des montagnes

La renoncule alpestre ▼

Renonculacées
Ses feuilles sont luisantes, rondes et découpées. Elle pousse sur les éboulis calcaires du Jura, des Alpes et des Pyrénées.

1 500 à 3 000 m.
Juin à septembre.

▲ La renoncule des glaciers

Renonculacées
Sa tige est rougeâtre, ses fleurs sont blanches ou roses. Elle vit sur les éboulis humides des Alpes et des Pyrénées.

2 300 à plus de 4 000 m !
Juillet à septembre.

▲ La renoncule à feuilles de platane

Renonculacées
Ses feuilles sont larges, divisées, dentelées et pointues. Elle s'installe dans les pâturages humides et frais, et les sous-bois clairs.

Jusqu'à 2 500 m.
Mai à août.

▲
Le callianthème

Renonculacées
Ses pétales sont orangés à la base. Il se fixe sur les éboulis et les pentes de pelouses pierreuses et humides des Alpes et des Pyrénées.

1 500 à 3 000 m.
Avril à juillet.

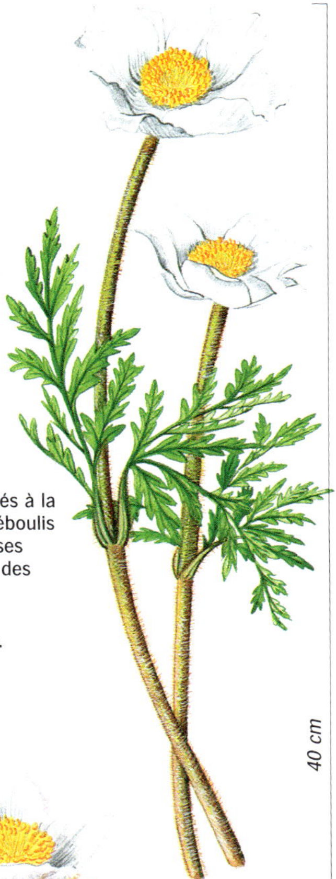

◄
L'anémone des Alpes

PROTÉGÉE

Renonculacées
Ses feuilles sont très découpées. On peut la voir sur les pelouses calcaires et les landes, dans toutes les montagnes.

1 000 à 2 500 m.
Mai à août.

◄
L'anémone printanière

TOXIQUE
PROTÉGÉE

Renonculacées
Sa tige et ses feuilles sont couvertes de poils. Tu la trouveras sur les pelouses et les rocailles, dans toutes les montagnes.

1 300 à 3 500 m.
Avril à juillet.

▲
La sabline ciliée

Caryophyllacées
Ses fleurs poussent en petites touffes, sur les éboulis humides et calcaires des Alpes et des Pyrénées.

1 500 à 3 000 m.
Juin à août.

Surgir derrière la neige

Au printemps, la neige commence à disparaître sous le soleil. Certaines fleurs refusent d'attendre davantage. L'anémone printanière, par exemple, fleurit au ras de la neige, à mesure qu'elle fond.

PROTÉGÉE

▲
La saxifrage bleuâtre

Saxifragacées
Les feuilles sont petites ; elle pousse en coussinets dans des fissures et sur les pelouses calcaires, dans les Alpes et les Pyrénées.

Jusqu'à 2 500 m.
Juin à septembre.

Les Saxifragacées

Les feuilles sont le plus souvent en rosettes à la base. Les fleurs, régulières, sont blanches, roses ou jaunes, et souvent groupées en grappes.

La saxifrage fausse-mousse ►

PROTÉGÉE

Saxifragacées
Il y a une seule fleur par tige. Elle pousse en coussinets sur les rochers et les éboulis, dans les Alpes et les Pyrénées.

1 500 à 2 400 m.
Juillet-août.

◄ La parnassie des marais

Saxifragacées
Les feuilles, en forme de cœur, sont toutes à la base. Elle se plaît dans les prairies humides, les tourbières, dans toutes les montagnes.

Jusqu'à 2 500 m.
Juin à septembre.

La saxifrage étoilée ►

PROTÉGÉE

Saxifragacées
Les feuilles sont charnues à la base. Elle s'installe au bord des ruisseaux, sur les éboulis humides, dans les Alpes et les Pyrénées.

1 200 à 3 000 m.
Juin à septembre.

La saxifrage pyramidale ▼

Saxifragacées
Les fleurs sont regroupées en pyramides. Elle se fixe dans les fissures des rochers ensoleillés, dans les Alpes et les Pyrénées.

800 à 2 400 m.
Juin à août.

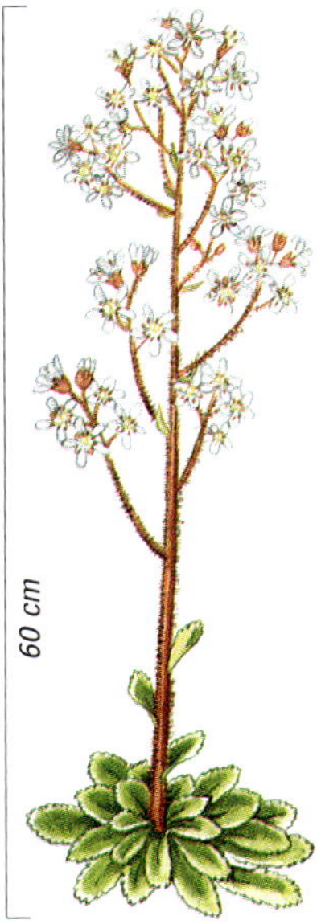

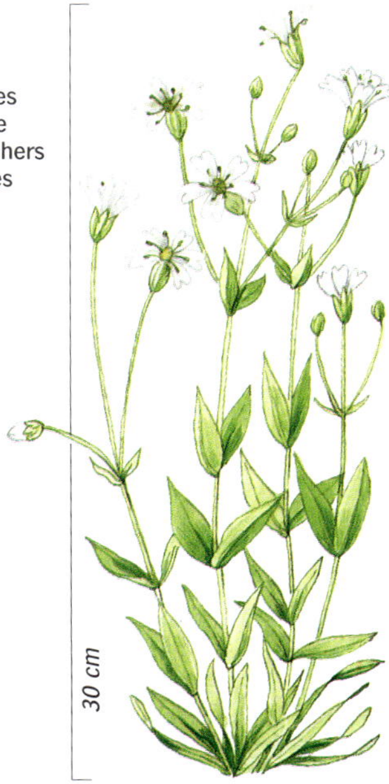

▲ Le silène des rochers

Caryophyllacées
Ses fleurs sont petites, avec 5 pétales échancrés. Il vit sur les rochers et les éboulis, dans les Alpes et les Pyrénées.

1 500 à 3 000 m.
Mai à août.

◄ Le céraiste alpin

Caryophyllacées
Ses feuilles sont recouvertes de poils blancs. Tu le découvriras sur les pelouses et les rochers, dans toutes les montagnes.

2 000 à 3 000 m.
Juillet à septembre.

Vivre sur la roche

Comment trouver de quoi se désaltérer quand on pousse sur un rocher ? Les saxifrages ont la solution : elles allongent leurs longues racines très profondément sous terre, jusqu'à l'eau vitale.

Le gaillet à feuilles inégales ▼

Rubiacées
Les fleurs sont regroupées au sommet. Il affectionne les éboulis, dans le Jura, le Massif central, les Alpes, et les Pyrénées.

1 000 m et plus.
Juillet à septembre.

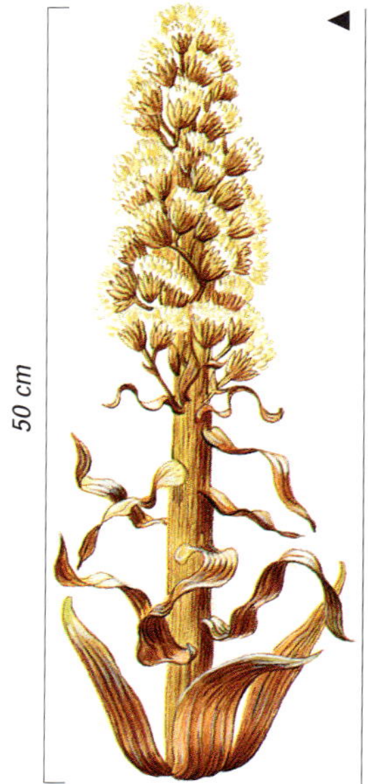

Le pétasite paradoxal ◄

Composées
Ses fleurs sont blanches ou roses, en tube. Il vit sur les éboulis calcaires, et le bord des ruisseaux, dans toutes les montagnes.

Jusqu'à 2 000 m.
Avril à juin.

L'edelweiss ►

Composées PROTÉGÉ
Sa tige est laineuse, ses fleurs sont en étoile. Tu le trouveras sur les éboulis et les pelouses calcaires, dans les Alpes et les Pyrénées.

Au-dessus de 1 500 m.
Juillet à septembre.

La pâquerette des Alpes ►

Composées
Ses feuilles sont ovales et regroupées à la base. Tu pourras l'observer dans les pelouses et les prairies, dans le Jura et les Alpes.

Jusqu'à 2 500 m.
Mai à août.

▲ La carline acaule

Composées PROTÉGÉE
Ses fleurs sont regroupées en « soleils » à rayons argentés. Elle s'installe sur les pelouses, dans le Jura, le Massif central, les Alpes et les Pyrénées.

Jusqu'à 2 500 m.
Juillet à septembre.

Les Ombellifères

Très odorantes, elles ont leurs petites fleurs disposées en ombelles. Chaque fleur a 5 pétales, blancs ou jaunes. La tige est souvent creuse. Les feuilles peuvent être très grandes et très découpées.

La carotte

La grande astrance ▼

Ombellifères
Ses petites fleurs sont regroupées en ombelles. Elle pousse dans les prairies et les sous-bois clairs, dans toutes les montagnes.

Jusqu'à 2 000 m.
Juin à septembre.

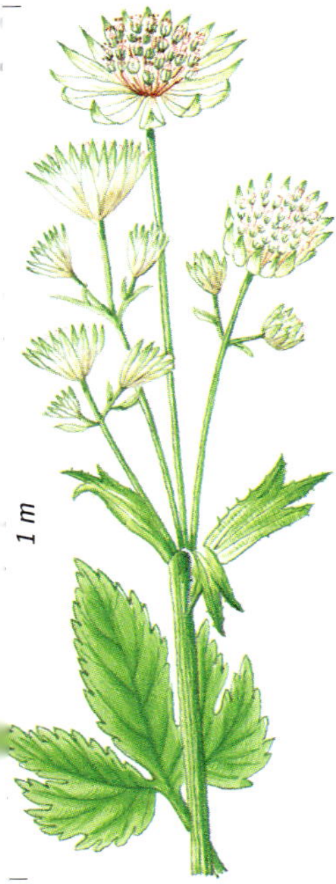

L'ostruche, ou impératoire ▼

Ombellifères
Ses fleurs sont blanches ou roses, et en ombelles. Tu pourras l'observer dans les prairies humides au bord des torrents, dans toutes les montagnes.

Au-dessus de 1 000 m.
Juin à septembre.

◄ La marguerite des Alpes

Composées
C'est la miniature de la marguerite des plaines. Elle pousse sur les pâturages, les pelouses, et les rochers, dans les Alpes et les Pyrénées.

1 800 à 2 800 m.
Juillet à septembre.

Merci les moutons !

Sur les sols pauvres de la montagne, les excréments des animaux domestiques sont une vraie bénédiction. Ils apportent à la marguerite un supplément de substances nutritives très appréciable...

L'orpin à feuilles épaisses ▼

Crassulacées
Vert bleuâtre, ses feuilles sont petites et charnues. Il affectionne les rochers, les éboulis et les vieux murs, dans toutes les montagnes.

Jusqu'à 2 500 m.
Mai à août.

Les Liliacées

Elles stockent des réserves dans un bulbe ou un rhizome souterrain.
Elles portent des fleurs en grappes le long d'une longue tige lisse. Les feuilles sont entières, et disposées en « rosette ».

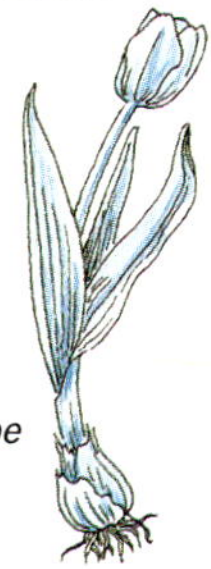

La tulipe

▲ PROTÉGÉE

L'androsace naine, ou petit-jasmin

Primulacées
Ses fleurs sont groupées au sommet. Tu la découvriras sur les pelouses calcaires, dans les Alpes.

Au-dessus de 1 500 m.
Juin à août.

Le lis de Saint-Bruno

Liliacées
Ses fleurs ont une taille de 6 cm. Il se plaît dans les prairies et les pâturages du Jura, du Massif central, des Alpes et des Pyrénées.

900 à 2 500 m.
Mai à juillet.

▼ PROTÉGÉ

La grassette des Alpes ▶

PROTÉGÉE

Lentibulariacées
Ses feuilles couvertes de poils visqueux sont des pièges à insectes. Elle pousse dans les tourbières des Alpes et des Pyrénées.

Jusqu'à 2 500 m.
Mai à juillet.

La linaigrette

Cypéracées
Ses fruits sont en touffes cotonneuses. On la trouve dans les marais et tourbières au sol acide de toutes les montagnes.

Jusqu'à 2 500 m.
Avril à juillet.

▼ PROTÉGÉE

L'asphodèle blanc

Liliacées
Ses fleurs sont regroupées en grappes au sommet. Il pousse sur les pâturages, dans les Alpes et les Pyrénées, ainsi qu'en plaine.

Jusqu'à 2 000 m.
Mars à juillet.

▼ PROTÉGÉ

▲ TOXIQUE

Le sceau-de-Salomon verticillé

Liliacées
Sa tige est dressée, et ses fleurs sont en clochettes. Il pousse sur les talus et dans les forêts de toutes les montagnes.

Jusqu'à 2 000 m.
Mai à juillet.

◄ Le crocus printanier

Iridacées
Ses fleurs sont blanches ou roses. Il vit sur les pelouses et dans les bois clairs du Jura, du Massif central, des Alpes et des Pyrénées.

Jusqu'à 2 600 m.
Mars à mai.

▲

Le narcisse des poètes

PROTÉGÉ

Amaryllidacées
Ses fleurs sont très parfumées.
Tu l'observeras dans les prairies humides, surtout du centre et de l'est de la France et dans les Pyrénées.

Jusqu'à 2 300 m.
Avril à juin.

Les pieds dans l'eau

L'eau est rare sur les pentes abruptes. Aussi, certaines plantes très assoiffées, comme la linaigrette, ne peuvent vivre qu'au bord des ruisseaux ou des lacs. Et tant pis pour les grands espaces...

Le lamier blanc ▲

Labiées
Ses fleurs sont regroupées par étages. Il pousse dans les broussailles et les bords des chemins, les pâturages, dans toutes les montagnes, ainsi qu'en plaine.

Jusqu'à 2 000 m.
Avril à août.

L'arabette des Alpes

Crucifères
Ses feuilles sont dentelées irrégulièrement. On la trouve sur les rochers calcaires, dans toutes les montagnes.

Jusqu'à 3 000 m.
Mars à septembre.
▼

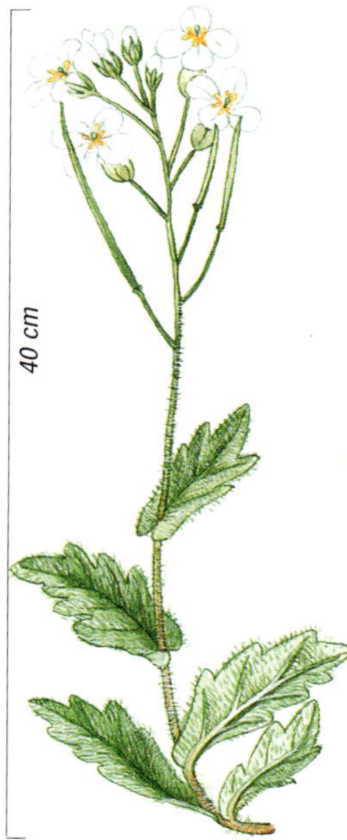

L'arabette luisante

Crucifères
Ses feuilles sont luisantes et allongées. Elle pousse au bord des ruisseaux, et sur les éboulis humides, dans les Alpes et les Pyrénées.

Jusqu'à 2 500 m.
Mai à septembre.
▼

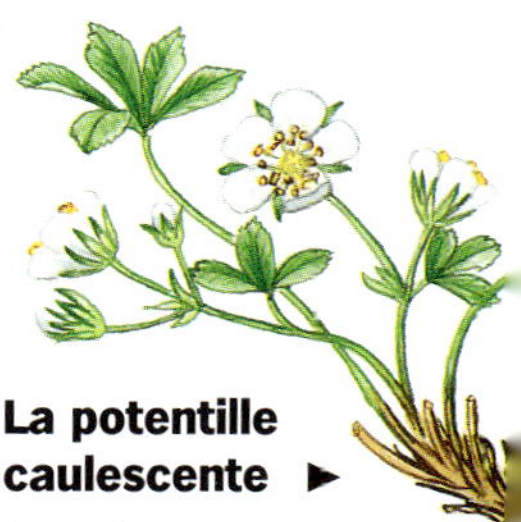

La potentille caulescente ►

Rosacées
Sa tige est couverte de poils. Elle s'installe dans les fissures des rochers calcaires, dans les Alpes et les Pyrénées.

Jusqu'à 2 500 m.
Juin à septembre.

Les Crucifères

Comme leur nom l'indique, elles ont des fleurs à 4 pétales, disposées en croix (*crux* veut dire « croix » en latin). Les fruits sont toujours en forme de capsule, s'ouvrant par 2 valves quand ils sont mûrs.

Le chou

La spirée barbe-de-bouc

PROTÉGÉE

Rosacées
Ses petites fleurs sont regroupées en grappes. On peut l'observer au bord des ruisseaux, dans les Alpes et les Pyrénées, ainsi qu'en plaine.

Jusqu'à 1 500 m.
Mai à août.

▼

Le raisin d'ours

PROTÉGÉ

Éricacées
C'est un arbrisseau rampant à fruits rouges. Il affectionne la rocaille et les sous-bois clairs, dans les Alpes, le Massif central et les Pyrénées.

1 500 à 2 800 m.
Avril à juin.

▼

▲

L'hutchinsie des Alpes

Crucifères
Ses fleurs sont en grappes. Elle pousse en tapis, sur les éboulis humides et calcaires, dans les Alpes et les Pyrénées.

Jusqu'à 3 000 m.
Mai à août.

Repas d'automne

Si l'été est la saison des fleurs en montagne, le début de l'automne est celle des baies et des fruits : myrtilles, framboises, mûres, airelles... Toutes les plantes ont fabriqué leurs graines, parfois pour le plus grand plaisir des gourmands !

▲

La germandrée des montagnes

Labiées
Elle pousse en buissons nains, sur les éboulis et les pelouses sèches et calcaires, dans le Jura, les Alpes et les Pyrénées.

Jusqu'à 2 000 m.
Mai à août.

Les couleurs voyagent

Jaune et blanc sont les couleurs les plus répandues chez les fleurs, mais il semble que le jaune domine dans les prés et en montagne. Le blanc serait plus fréquent dans les régions froides, le rouge dans les régions chaudes et le bleu dans les forêts.

Fleurs jaunes des champs

La potentille rampante

Rosacées
Sa tige rampante produit çà et là une feuille dressée sur son pétiole, et une fleur solitaire sur une tige grêle. Elle aime les terrains vagues.

Mai à août.

▼

30 à 60 cm

5 à 20 cm

▲

La potentille printanière

Rosacées
Ses feuilles sont palmées, c'est-à-dire que les folioles sont disposées comme les doigts d'une main. Elle forme des coussinets dans les prairies sèches.

Mars à mai.

30 à 75 cm

◄

Le bouton-d'or

Renonculacées
Il doit son nom à sa forme ronde et à sa couleur d'un jaune éclatant. Il abonde dans les pâturages, mais les bêtes n'aiment pas son goût âcre.

Mai à septembre.

15 à 30 cm

▲

La renoncule bulbeuse

Renonculacées
Plus petite et plus précoce que le bouton-d'or, on la reconnaît à sa tige renflée en bulbe à la base. Tu la trouveras dans les prés secs et les gazons.

Mai à août.

▲
La grande éclaire

Papavéracées
Sa tige contient un suc laiteux orange très toxique, ne la touche pas. Ses feuilles sont molles, irrégulières. Tu en verras souvent le long des murs.

Mai à août.

L'aigremoine ► eupatoire

Rosacées
Sa tige hérissée de poils rudes porte des feuilles au dessous vert cendré et des fleurs en épi étroit et élancé. Elle pousse sur les pelouses maigres.

Juin à août.

L'herbe-d'or ►

Cistacées
Ses pétales ont un aspect de papier froissé et tombent dans la journée. Elle aime les terrains secs, calcaires.

Juillet à octobre.

Le coucou

Primulacées
Ses fleurs groupées en ombelle penchent sur le côté. Cette primevère est répandue dans les prairies ensoleillées et les buissons au printemps.

Avril-mai.

▼

Graines volantes

Envoyer ses graines le plus loin possible pour donner d'autres fleurs, c'est vital pour les plantes. Certaines graines sont catapultées, d'autres sont avalées et rejetées par les animaux ou s'accrochent à leur fourrure. D'autres encore s'envolent, comme celles du pissenlit, et peuvent parcourir des centaines de kilomètres. Le pappus, couronne de fils soyeux, joue le rôle de parachute.

Le séneçon jacobée ►

Composées
Ses feuilles sont très découpées, ses fleurs, groupées en petits bouquets, ressemblent à des marguerites jaunes. Il est très toxique pour le bétail.

Juin à septembre.

Le salsifis des prés ►

Composées
Tu le reconnaîtras à ses feuilles étroites et longues. Il pousse au bord des routes et dans les prés.

Mai à juillet.

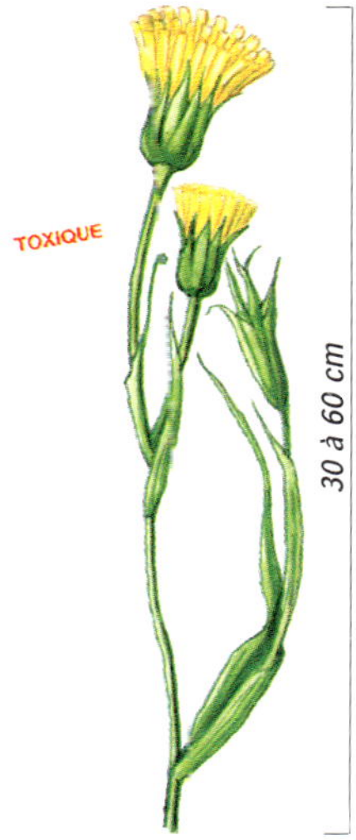

Le léontodon

Composées
Il ressemble au pissenlit avec ses feuilles en « dents de lion » mais sa tige est pleine, hérissée de poils raides. Il vit dans les prés.

Juin à octobre.

▼

La crépide ► à petite tête

Composées
Ses petites fleurs sont groupées en haut de la tige qui porte des feuilles à grosses dents de scie. C'est une mauvaise herbe répandue partout.
Juin à novembre.

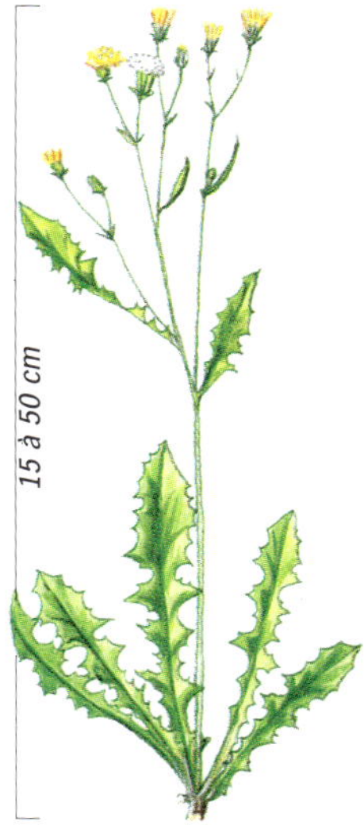

▲ La lampsane commune

Composées
Elle a des petites feuilles à bord denté et des petites fleurs qui ne s'ouvrent qu'au soleil. Elle s'installe dans les terrains cultivés.
Juin à septembre.

▲ Le laiteron rude

Composées
Il a des feuilles épineuses qui enserrent la tige par 2 lobes en forme d'oreilles. Il prospère au milieu des cultures.
Juillet à octobre.

Le pissenlit

Composées
Casse sa tige : elle est creuse et produit un suc laiteux. Sa racine coriace lui permet de s'implanter dans tous les terrains.
Avril à juin.
▼

La nature du sol

Tu ne trouveras pas les mêmes fleurs sur les sols argileux, qui retiennent l'eau et sont sensibles au gel, et sur les sols calcaires ou sablonneux qui laissent passer l'eau et sont plus secs. Certaines plantes poussent près des vieux murs où le sol est riche en salpêtre et en nitrates.

Bien visibles

Les fleurs sont situées au sommet des tiges pour 2 raisons : profiter du soleil qui leur est indispensable, et être vues des insectes qui transportent le pollen vers les organes femelles. Elles attirent les insectes par leur couleur et leur parfum.

Le gaillet vrai ▲

Rubiacées

Ses minuscules fleurs à 4 pétales sont réunies en petits bouquets au sommet des tiges. Il aime les pelouses sèches et les chemins.

Mai à septembre.

Le bouillon blanc ▲

Scrofulariacées

C'est une grande plante couverte de poils laineux dont les fleurs forment des épis serrés. Il aime les pelouses sèches et les terrains vagues.

Juillet à septembre.

La pensée des champs ▲

Violacées

C'est une petite pensée. Le pétale du bas est jaune d'or strié de mauve, les pétales latéraux crème. Elle est répandue dans les champs et les décombres.

Mai à octobre

Le cocriste vrai

Scrofulariacées

Les pétales supérieurs de ses fleurs sont soudés en forme de capuchon. On le trouve dans les prairies mi-sèches en plaine et en montagne.

Mai à juillet.

▼

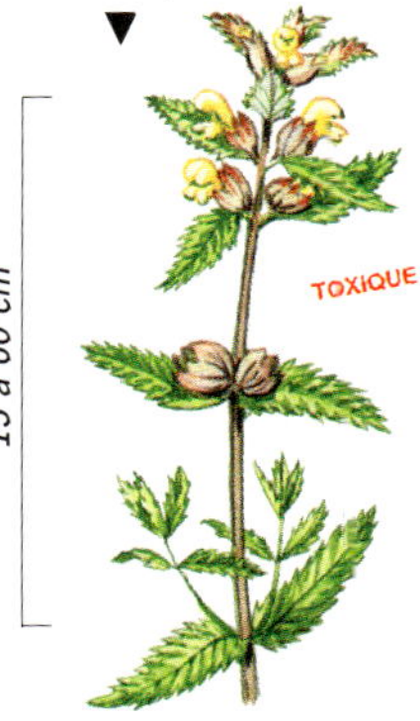

◄ Le trèfle jaune

Papilionacées
On l'appelle aussi « rampant » à cause de sa tige couchée. Ses fleurs jaunes deviennent brun clair après floraison. Il est répandu dans les champs et les pelouses.

Juin à septembre.

La vulnéraire ▲

Papilionacées
Elle porte en même temps des boutons, des fleurs et des fruits. Elle aime la chaleur, les prés secs et les chemins.

Mai à septembre.

▲ La linaire commune

Scrofulariacées
Ses fleurs en épis portent un éperon. Elles poussent dans les champs et les terrains caillouteux.

Juillet à septembre.

L'hippocrépis à toupet ►

Papilionacées
Sa feuille au long pétiole porte de nombreuses folioles. Sa gousse a un bord ondulé. Il forme des touffes sur les pelouses sèches et les rocailles.

Mai à juillet.

Des plantes à tout faire

Elles en rendent des services, quand on les connaît ! L'infusion de fleurs de bouillon blanc calme la toux, et l'on faisait jadis des chandelles avec sa tige laineuse trempée dans de la graisse. Quant à la linaire commune, elle soigne les maux de ventre, les furoncles, la conjonctivite. Bouillie dans du lait, c'est un tue-mouches efficace ; plongée dans l'eau du poulailler, elle donne, paraît-il, de la force aux poulets !

Le galéopsis à fleurs variées

Labiées

Sa tige droite est hérissée de poils, et ses fleurs jaunâtres portent une tache violette sur la lèvre inférieure. Il pousse dans les haies et les bois frais et humides.

Juin à octobre.

▼

L'herbe à verrues

Comme d'autres plantes médicinales, la grande éclaire est utile mais dangereuse. Le jus orangé de sa tige est un poison... très utile. Il ne faut pas y goûter, mais il suffit d'en passer sur une verrue pour la faire disparaître !

Fleurs jaunes des bois

▲

La sauge des bois

Labiées

Ses feuilles duveteuses et crénelées sont opposées, et ressemblent à des feuilles de sauge. On la trouve dans les forêts sèches et claires. On l'appelle aussi la germandrée scorodoine.

Juillet à septembre.

La solidage verge d'or

Composées

Ses fleurs sont regroupées en grappes serrées de 5 à 12 fleurs, et ses fruits velus portent une petite aigrette très légère. On la trouve dans les bois secs.

Juillet à octobre.

▼

◄ L'ortie jaune

Labiées

Ses feuilles d'ortie ne piquent pas, mais sentent mauvais quand on les froisse !
Ses fleurs ressemblent à une bouche ouverte, avec une drôle de langue tachetée de pourpre. On l'appelle aussi le lamier doré.

Avril à juin.

La potentille dressée

Rosacées

Comme la benoîte, les pétales de ses fleurs ne se touchent pas, mais ils ne sont que 4, en forme de cœur. Plante grimpante, il lui arrive de ramper dans les bois clairs puis de se redresser. On l'appelle aussi la tormentille.

Mai à septembre.

La benoîte commune

Rosacées

Regarde bien ses fleurs : toutes simples, elles ont 5 pétales qui ne se touchent pas et laissent apparaître les sépales. Ses fruits sont nombreux et s'accrochent partout avec leurs longs poils crochus.

Mai à septembre.

La barbarée commune

Crucifères

Ses petites fleurs sont nombreuses, concentrées en grappes élevées, tandis que les feuilles ne poussent que sur la partie basse des tiges. Tu la trouveras souvent dans les haies et sur les bords des chemins.

Mai à juillet.

Des fruits voyageurs

Après avoir assuré la pollinisation, la plante doit « disséminer » ses graines. Bien souvent, elle fait appel aux animaux ; et parfois même aux enfants. Ainsi, lorsque tu vois des petites boules accrochées à tes vêtements, il s'agit de fruits (ex. : la bardane commune) qui profitent de ton passage pour voyager... et aller vivre un peu plus loin.

Bons à manger

Un fruit bien visible et appétissant, comme la myrtille, c'est une autre tactique pour disséminer leurs graines, car les animaux viennent manger les fruits et ils redéposent les graines avec leurs excréments. Contrairement à toi, ils peuvent manger sans danger certains fruits très toxiques.

L'épervière des murs

Composées

Sa tige velue ne porte souvent qu'une feuille, et ses fleurs sont généralement peu nombreuses (pas plus de 10). Elle grandit isolément dans les forêts de feuillus et de résineux.

Mai à août.

Le millepertuis

Hypéricacées

Il pousse en touffes pouvant atteindre 1 m. Ses feuilles ovales, qui semblent percées de petits trous fins, poussent 2 par 2. On le trouve surtout dans les lisières et les forêts claires.

Juin à août.

Le mélampyre des prés

Scrofulariacées

Ses fleurs ressemblent à de longs tubes (2 cm) fermés et forment de larges épis. Malgré son nom, cette fleur est typiquement forestière et pousse aussi bien dans les forêts de feuillus que de conifères.

Mai à septembre.

Le mélampyre des forêts

Scrofulariacées

Ses fleurs sont beaucoup plus petites que celles du mélampyre des prés. D'un jaune plus vif, elles forment un tube largement ouvert. Il pousse souvent en colonies, mais uniquement en montagne.

Mai à août.

Le séneçon de Fuchs

Composées

Sa tige dressée est lisse et rougeâtre, et ses feuilles pointues sont très finement dentelées. Ses fleurs jaune-orangé brunissent après floraison. Il vit surtout dans les forêts de feuillus.

Juin à septembre.

L'anémone fausse-renoncule

Renonculacées

Ses fleurs jaune d'or apparaissent par 2 ou 3 au-dessus de grandes feuilles très découpées. Elle pousse souvent en colonies, dans les forêts de feuillus et les forêts mixtes.

Mars à mai.

La renoncule tête-d'or

Renonculacées

Cette cousine du bouton-d'or a 2 sortes de feuilles, larges et arrondies en bas, longues et fines en haut. Elle pousse surtout dans les bois à sol riche et humide.

Avril à juin.

La sauge glutineuse

Labiées

Ses fleurs en forme de tube peuvent atteindre 4 cm de long, et sont rassemblées en une longue grappe visqueuse (glutineuse !). Elle pousse en touffes dans les bois ombragés et en montagne.

Juillet à octobre.

La digitale à grandes fleurs

Scrofulariacées

Tu la reconnaîtras à ses feuilles, luisantes dessus et duveteuses dessous. Elle est rare, et on la trouve surtout en montagne, dans les clairières et sur les pentes ensoleillées.

Juin à septembre.

La ficaire fausse-renoncule

Renonculacées

Ses fleurs jaune d'or ressemblent à des étoiles, dont le centre est nettement plus foncé. Elle forme souvent de vrais tapis dans les forêts fraîches et humides.

Mars à mai.

Des réserves pour l'hiver

Pour survivre sous terre pendant l'hiver, certaines plantes comme la ficaire stockent de l'amidon dans de petites poches placées sous les racines, les tubercules.

Les impatientes

Impatiente, impatiente-ne-me-touchez-pas, cardamine impatiente (*voir* p. 21), on les appelle ainsi parce que dès que leurs fruits sont mûrs, au printemps, ils explosent au moindre contact, avec un petit bruit sec. Crac !

La primevère officinale

Primulacées

Sur chacun des 5 pétales de ses fleurs, tu verras une petite tache orange vif, et surtout, tu sentiras une bonne odeur en t'approchant d'elle.
On la trouve dans les bois clairs et les prairies.

Mars à mai.

▼

La primevère ▲

Primulacées

Ses fleurs jaunes à 5 pétales sont orangées au centre et fleurissent isolément (1 par tige). On la trouve surtout dans l'ouest de la France, dans les bois humides et clairs.

Février à mai.

▲

La primevère élevée

Primulacées

Comme la primevère commune, le centre de ses fleurs est plus foncé, mais ses fleurs sont groupées en bouquet au sommet de la tige. Elle pousse partout en France (sauf en région méditerranéenne), dans les sols riches et humides.

Mars à mai.

La lysimaque commune

Primulacées

Cette grande plante, qui pousse généralement en colonies, a de nombreuses fleurs jaune d'or au centre foncé, rougeâtre.
Elle pousse dans les bois à sol frais et humide.

Juin à août.

▼

▲

La lysimaque des bois

Primulacées

Ses feuilles opposées sont ovales et pointues. Plus petite que la lysimaque commune, c'est une plante rampante qui pousse dans les hêtraies, les chênaies, les chemins et les clairières humides.

Mai à août.

La balsamine à petites fleurs

Balsaminacées

Au dos de ses fleurs jaune pâle, on peut voir un éperon court et droit. Elle pousse dans les forêts de feuillus, en lisières, dans les parcs et les jardins. On l'appelle aussi l'impatiente.

Avril à octobre.

▼

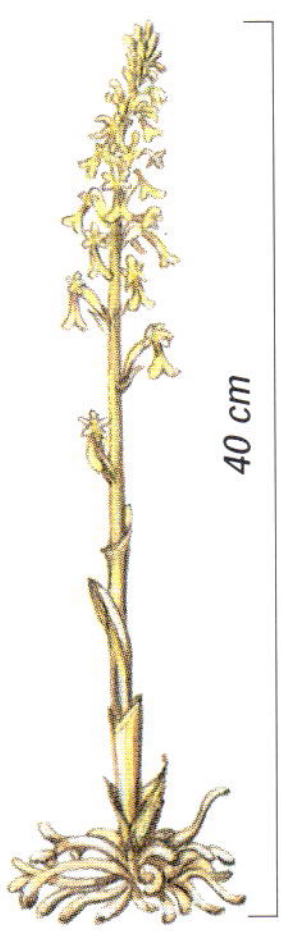

◄

Le nid-d'oiseau

Orchidacées

Ses racines enchevêtrées ressemblent à un nid d'oiseau. Entièrement brun-jaunâtre, elle a de nombreuses fleurs regroupées en grappes. Elle vit dans les bois sombres riches en humus et les forêts de hêtres à sol calcaire.

Mai à juillet.

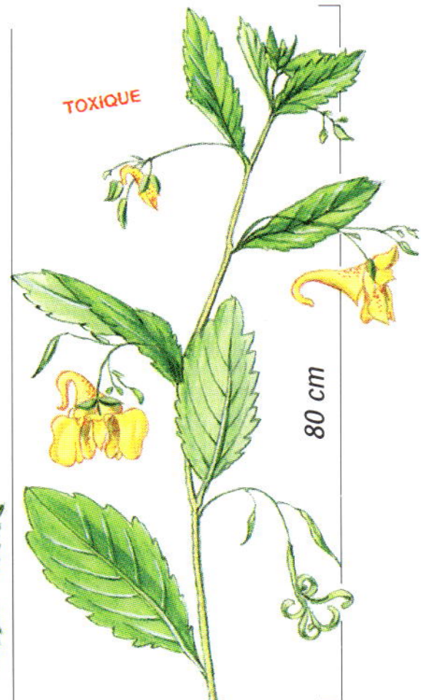

▲

La balsamine des bois

Balsaminacées

Ses fleurs en forme de cornet se terminent par un éperon toujours recourbé. Cette plante touffue forme souvent des colonies, et vit dans les lieux humides et ombragés. On l'appelle aussi l'impatiente-ne-me-touchez-pas.

Juillet à septembre.

Piste d'atterrissage

Le centre de certaines fleurs, comme les primevères ou les lysimaques, est plus foncé, souvent orangé. C'est un signal pour les insectes : attirés par la fleur, ils viendront plus facilement la butiner, et assureront ainsi sa reproduction.

La gentiane jaune

Gentianacées PROTÉGÉE

Ses fleurs sont groupées à plusieurs niveaux le long de la tige. On peut la voir sur les pelouses et les prairies de toutes les montagnes.

Jusqu'à 2 000 m.

Juin à août.

▼

Fleurs jaunes des montagnes

La primevère auriculée ► PROTÉGÉE

Primulacées

Ses fleurs sont regroupées en ombelles au sommet de la tige. Elle pousse dans les fissures et les éboulis calcaires.

Jusqu'à 2 500 m.

Avril à juin.

La potentille dorée

Rosacées

Ses feuilles, très découpées, se trouvent à la base. Tu la trouveras sur les pelouses au sol acide des Alpes et des Pyrénées.

Jusqu'à 2 000 m.

Juin à septembre.

▼

Les Papilionacées

On les appelle aussi « Légumineuses ». Chaque fleur possède 5 pétales de forme et de taille inégales, ainsi que 10 étamines. Les feuilles sont le plus souvent composées.

Le petit pois

L'astragale à fleurs pendantes ▼

Papilionacées
Comme son nom l'indique, ses fleurs en grappes sont pendantes. Elle pousse dans les prairies au sol calcaire, dans toutes les montagnes.

1 300 à 2 500 m.
Juillet-août.

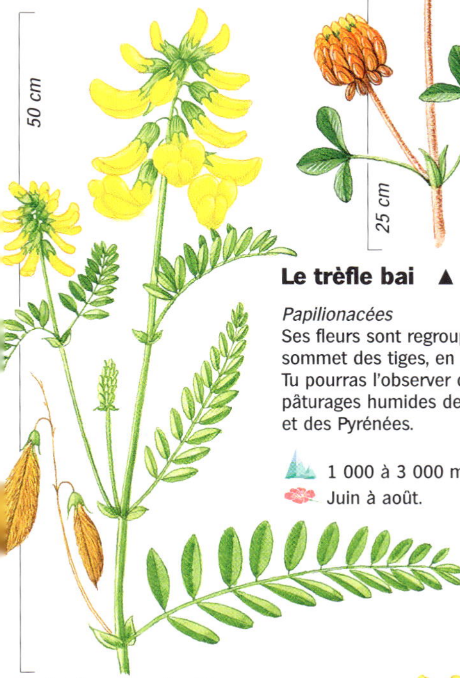

Le trèfle bai ▲

Papilionacées
Ses fleurs sont regroupées au sommet des tiges, en boules. Tu pourras l'observer dans les pâturages humides des Alpes et des Pyrénées.

1 000 à 3 000 m.
Juin à août.

Le lotier corniculé ►

Papilionacées
Ses fleurs varient du jaune à l'orange. Il pousse sur les pelouses et les prairies de toutes les montagnes.

Jusqu'à 2 000 m.
Juin à septembre.

De plus en plus ras

À mesure que l'on gagne de l'altitude, la végétation semble se rapprocher du sol. Et on ne trouve plus, tout en haut, qu'une pelouse rase. Comme si les plantes s'économisaient de plus en plus...

▲ La violette à 2 fleurs

Violacées
Chacune de ses tiges porte presque toujours 2 fleurs. Elle s'installe dans les fissures de rochers et les éboulis frais de toutes les montagnes.

Jusqu'à 3 000 m.
Mai à août.

Les Composées

Les « fleurs » sont en fait des groupements de plusieurs fleurs aux formes bizarres : petits tubes, languettes... Tige et feuilles sont souvent recouvertes de petits poils rigides.

Le pissenlit

▲

Le génépi, ou armoise

PROTÉGÉ

Composées

Ses feuilles sont couvertes de poils gris. Tu pourras l'observer sur les éboulis et les pelouses des Alpes et des Pyrénées.

Au-dessus de 2 000 m.

Juillet à septembre.

▲

Le séneçon doronic

Composées

Ses feuilles sont épaisses, allongées et dentelées. Il pousse sur les pentes rocailleuses et dans les pâturages de toutes les montagnes.

Jusqu'à 2 300 m.

Juillet à septembre.

Manteau de poils

Ce n'est pas pour faire joli que le génépi est couvert de poils, mais bien parce que cela lui est très utile : à haute altitude, quand les nuits sont fraîches, il se protège ainsi du froid.

Le doronic ▼

Composées

Il existe de nombreuses espèces très proches. Il pousse sur les pelouses et les berges des ruisseaux de toutes les montagnes.

Jusqu'à 2 000 m.

Juillet-août.

L'arnica des montagnes ►

PROTÉGÉ

Composées
Il a 1 à 3 paires de feuilles par tige. Il pousse dans les prairies sèches de toutes les montagnes.

Jusqu'à 2 500 m.
Juin à septembre.

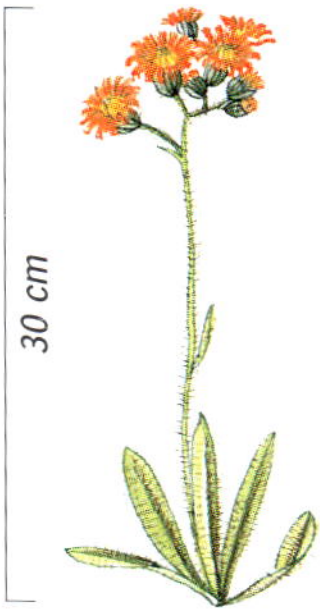

▲
L'épervière orangée

Composées
Ses fleurs orange vif sont groupées au sommet de la tige.
On la voit dans les prairies au sol acide de toutes les montagnes, Pyrénées exceptées.

Jusqu'à 2 600 m.
Juin à août.

L'épervière humble ►

Composées
Elle possède quelques poils glanduleux. Elle s'installe dans les fissures de rochers, sur les sols calcaires des Alpes et des Pyrénées.

Jusqu'à 2 500 m.
Juin à septembre.

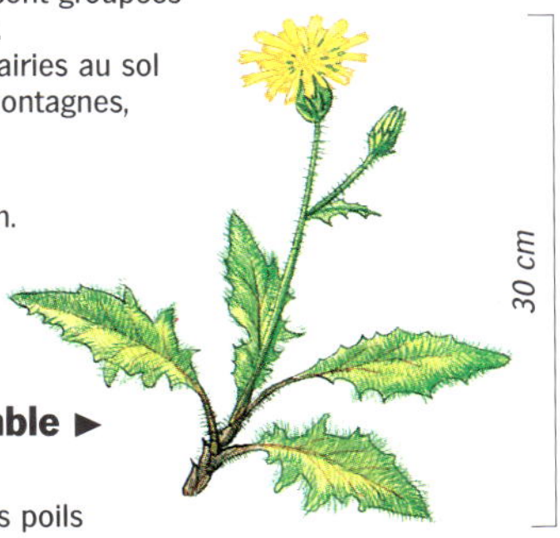

Le tussilage pas-d'âne ►

Composées
Ses tiges sont recouvertes d'écailles. Tu le découvriras au bord des ruisseaux et sur les talus de toutes les montagnes.

Jusqu'à 2 500 m.
Mars à juin.

▲
La crépide naine

Composées
Ses feuilles sont rougeâtres en dessous. Elle vit dans les éboulis secs et calcaires des Alpes et des Pyrénées.

1 600 à 3 000 m.
Juin à août.

L'hélianthème

Cistacées
Ses feuilles sont petites, et situées à la base. Il se développe en buissons, sur les pelouses et les éboulis de toutes les montagnes.

Jusqu'à 2 500 m.
Mai à octobre.

Le pavot orangé

PROTÉGÉ

Papavéracées
Ses feuilles sont situées à la base, et sont très découpées. Tu le trouveras sur les éboulis calcaires des Alpes et des Pyrénées.

1 700 à 2 600 m.
Juin à août.

Les Scrofulariacées

Les fleurs, très irrégulières, possèdent 5 pétales soudés, et sont la plupart du temps regroupées au sommet. La tige et les feuilles sont recouvertes de petits poils.

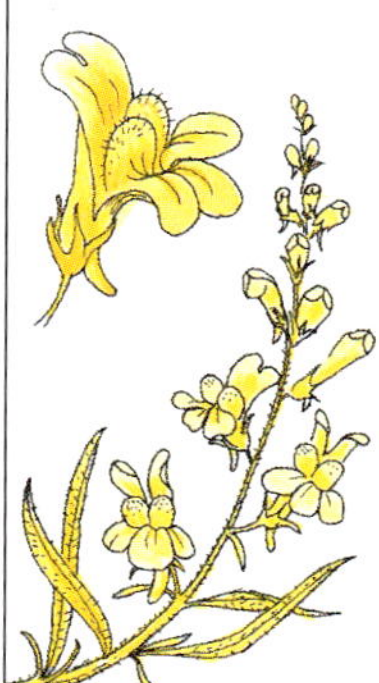

PROTÉGÉE

La saxifrage faux-aïzoon

Saxifragacées
Ses feuilles sont nombreuses à la base. Elle affectionne le bord des ruisseaux, dans le Jura, les Alpes et les Pyrénées.

800 à 3 000 m.
Juin à septembre.

Le millepertuis des montagnes

Hypéricacées
Ses feuilles sont disposées 2 par 2 en opposition. Il pousse sur les pelouses et dans les broussailles du Jura, des Alpes et des Pyrénées.

1 000 à 2 500 m.
Juin à septembre.

Couleurs protectrices

Plus on monte en altitude, et plus les rayons du soleil tapent dur. Pour se protéger des ultraviolets, les fleurs de montagne, comme le pavot, adoptent des couleurs vives. Il paraît que cela est efficace...

◄ La molène

Scrofulariacées
Ses fleurs sont situées tout le long de la partie haute de la tige. On peut la voir sur les pelouses sèches de toutes les montagnes.

Jusqu'à 1 500 m.
Juin à août.

La digitale jaune ►

TOXIQUE

Scrofulariacées
Ses grandes fleurs sont en clochettes. Elle pousse sur les éboulis et les pelouses de toutes les montagnes.

Jusqu'à 2 000 m.
Juin à septembre.

▲ La pédiculaire feuillue

Scrofulariacées
Ses longues feuilles sont très découpées. Elle pousse dans les champs de hautes herbes et les taillis de toutes les montagnes.

Jusqu'à 1 500 m.
Juin à août.

Le polygale ▲ faux-buis

Polygalacées
Il ressemble à un arbrisseau. Tu le trouveras sur les rocailles et les pelouses sèches des Alpes et du Massif central.

Jusqu'à 2 000 m.
Mars à juillet.

L'orpin rose

Crassulacées
Ses feuilles sont bleuâtres, planes, charnues et en pointe. Il pousse dans les fissures de rochers et les éboulis de toutes les montagnes.

1 000 à 3 000 m.
Mai à août.
▼

Le sabot-de-Vénus

Orchidacées PROTÉGÉ
Ses fleurs sont énormes. Il pousse dans les bois clairs et les broussailles au sol calcaire de toutes les montagnes, mais il est très rare.

Jusqu'à 2 000 m.
Mai à juillet.
▼

L'ail de cerf, ou victorial

PROTÉGÉ
Liliacées
Ses fleurs sont regroupées au sommet. Tu pourras l'observer dans les pâturages et les prairies de toutes les montagnes.

1 000 à 2 000 m.
Avril à juin.
▼

Les Crassulacées

Aimant les terrains secs et rocailleux, elles ont des adaptations particulières leur permettant de stocker de l'eau : leurs feuilles, et parfois leurs tiges, sont épaisses et charnues. Les fleurs sont souvent en forme d'étoile.

L'épervière laineuse ▲

Composées
Elle possède de nombreux poils sur les tiges et les feuilles. On peut l'observer sur les rocailles sèches et les éboulis du Jura et des Alpes.

Jusqu'à 2 100 m.
Mai à août.

Le trolle d'Europe

Renonculacées
Chacune de ses fleurs a une forme de petite boule. On le trouve dans les prairies humides de toutes les montagnes, sauf en Corse.

Jusqu'à 2 500 m.
Mai-juin.

▼

L'aconit tue-loup ►

Renonculacées TOXIQUE
Ses fleurs sont en forme de « casque » long et étroit. Il affectionne les forêts humides et les prairies des Alpes et des Pyrénées.

Jusqu'à 2 400 m.
Juin à septembre.

◄ L'anémone soufrée

Renonculacées PROTÉGÉE
Ses fleurs sont grandes et isolées les unes des autres. Tu pourras l'observer sur les pelouses au sol acide de toutes les montagnes.

1 500 à 2 500 m.
Mai à juillet.

Petit pays...

Endémique, quel drôle de nom... C'est celui que l'on utilise pour désigner une espèce ne vivant que dans une région bien délimitée. L'épervière laineuse, par exemple, ne pousse que dans les Alpes et le Jura, et nulle part ailleurs.

Fleurs roses des champs

◀ La nielle

Caryophyllacées
Les sépales pointus sont plus longs que les pétales et forment une sorte d'étoile. Éliminée des champs de blé par les désherbants, elle devient rare.

Juin à août.

Les fleurs roses et rouges

La plupart des insectes ne voient pas le rouge, aussi cette couleur est toujours mélangée à d'autres, d'où une grande variété de tons roses. Pour les abeilles, les fleurs pourpres semblent bleues, et elles voient les coquelicots en ultraviolet, couleur présente dans les pétales mais invisible pour l'homme. Les couleurs ne sont pas les mêmes pour tous les êtres vivants !

▲ Le mouron rouge

Primulacées
Il est discret, avec une tige couchée qui porte de petites fleurs vermillon. C'est une mauvaise herbe des champs et des jardins.

Juillet à octobre.

▲ Le liseron des champs

Convolvulacées
Il est décoratif mais envahissant, avec ses tiges qui s'enroulent et grimpent partout. Les jardiniers le redoutent !

Juin à septembre.

▲ Le géranium mou

Géraniacées
Il doit son nom à ses feuilles molles. C'est une plante basse, couchée, qui pousse dans les champs et au bord des chemins.

Mai à septembre.

L'âge des plantes

La durée de vie des plantes est très variable selon les espèces. Le coquelicot, par exemple, germe, fleurit et meurt en moins d'un an : c'est une plante annuelle. La carotte sauvage grandit la première année, fleurit et meurt la seconde : c'est une plante bisannuelle. Le géranium, l'œillet vivent plusieurs années : ce sont des plantes vivaces.

▲

La mauve sauvage

Malvacées
Elle a des fleurs mauves, à nervures foncées. Tu en verras beaucoup dans les terrains vagues et au bord des chemins.

Juin à septembre.

Le géranium sanguin

Géraniacées
Il porte des fleurs solitaires sur une tige velue. Rampant ou grimpant, il s'étale sur les sols calcaires.

Mai à août.

▼

◄

L'œillet couché

Caryophyllacées
C'est un œillet qui ne sent rien et se ferme par mauvais temps. Avec sa tige et ses feuilles très fines, on ne le remarque guère dans les prés.

Juin à septembre.

Le coquelicot

Papavéracées
Sa tige velue porte un bouton penché, qui se redresse lorsque la fleur s'épanouit. Il fleurit en grandes plaques dans les champs et sur les talus.

Mai à juillet.

▼

La verveine ► sauvage

Verbénacées
Elle porte de minuscules fleurs à 5 pétales soudés à la base, groupées en épis grêles à l'extrémité des tiges. Elle vit sur les sols secs.
Juillet à octobre.

La fumeterre officinale

Fumariacées
Cette mauvaise herbe des jardins pousse souvent en masse, et son feuillage gris-vert est vaporeux comme une fumée, d'où son nom.
Mai à octobre.
▼

Le lamier pourpre

Labiées
On l'appelle aussi ortie rouge, mais c'est une fausse ortie, qui ne pique pas. Il pousse dans toutes les cultures.
Mars à octobre.
▼

La rubéole ► des champs

Rubiacées
Elle envahit gazons et pelouses avec ses tiges rampantes, qui portent de minuscules fleurs groupées à leur extrémité.
Mai à octobre.

Les mauvaises herbes

« Mauvaises » ne veut pas dire « vilaines ». Elles donnent souvent de jolies fleurs, mais on lutte contre elles car elles sont prolifiques et elles envahissent les champs, au détriment des plantes cultivées. À cause des herbicides, certaines deviennent rares, comme le coquelicot ou le bleuet.

L'ortie royale

Labiées
Sa tige a des nœuds renflés et velus, ses feuilles ressemblent à celles de l'ortie mais ne piquent pas. Elle est répandue dans les champs cultivés.

Juillet à septembre.

La marjolaine sauvage

Labiées
Froisse ses feuilles, elles dégagent un délicieux arôme. Ses fleurs rose pâle sont disposées en ombelles. Elle est répandue sur les sols calcaires.

Juillet à septembre.

Les plantes aromatiques

Leur parfum est dû à des substances chimiques, les huiles essentielles, contenues dans les feuilles. Elles parfument les plats cuisinés et font de bonnes tisanes qui soignent les petits malaises : la marjolaine par exemple ouvre l'appétit et calme les maux d'estomac.

Le petit basilic

Labiées
Ses petites feuilles ovales à bord denté sont plus velues que celles du serpolet. Il aime les sols caillouteux et sablonneux, le bord des chemins.

Juin à août.

Le serpolet

Labiées
Ses fleurs sont groupées en grappes rondes. Il a une fine odeur de thym et forme des tapis de tiges rampantes dans les prés secs.

Juillet-août.

La coronille variée

Papilionacées
Elle a des fleurs panachées de rose et de blanc, en couronnes au sommet des tiges. Elle aime la chaleur et vit sur les talus.

Juin à septembre.

Toujours plus haut

Pour grimper vers le soleil, la vesce a choisi la même méthode que le liseron : elle envoie des tentacules, les vrilles, qui s'agrippent autour de la tige la plus proche puis s'enroulent en ressort pour se hisser vers son support.

30 à 80 cm

La vesce hérissée

Papilionacées
Ses tiges souples et fines, qui portent des fleurs minuscules, s'accrochent aux plantes voisines, dans les champs et les pâturages.

Mai à juillet.

15 à 60 cm

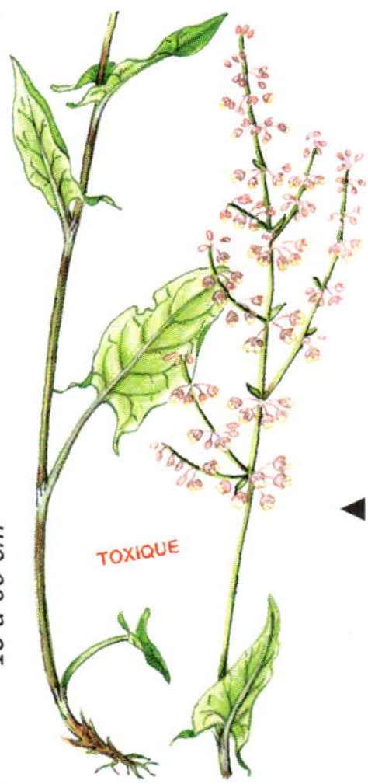

L'oseille sauvage

Polygonacées
Ses fleurs brun-rouge, en grappes allongées, sont minuscules mais elle est si abondante qu'elle peut colorer toute une prairie.

Mai à août.

Le trèfle intermédiaire

Papilionacées
Il a une tige courbée en zig zag et un calice sans poils. Il vit dans les prairies et à la lisière des bois.
Juin à août.

Le trèfle rouge

Papilionacées
On le reconnaît à ses feuilles qui portent une marque blanche en forme de V.
Ses fleurs parfumées attirent les abeilles, et c'est un excellent fourrage.
Mai à septembre.

La menthe des champs

Labiées
C'est une menthe peu parfumée, qui porte de petits bouquets de fleurs en épis.
Tu en verras dans les champs et dans les fossés.
Juillet à septembre.

Le trèfle des champs

Papilionacées
Ses fleurs soyeuses sont d'abord blanches, puis teintées de rouge. C'est un mauvais fourrage au goût amer. Il pousse dans les terrains secs et ensoleillés.
Mai à août.

Échanges bénéfiques pour tous

Les fleurs ont besoin des insectes pour se reproduire (*voir* p. 8) et les insectes ont besoin des fleurs pour se nourrir ! Les insectes se régalent du nectar des fleurs, un liquide incolore et sans odeur mais très sucré, et de grains de pollen, riches en matières grasses et en protéines.
Sais-tu qu'une fleur de coquelicot, par exemple, produit 2,6 millions de grains de pollen, qu'elle libère surtout le matin, entre 6 h et 10 h ?
C'est justement ce moment-là que les insectes vont choisir pour venir la butiner.

Les grains de pollen

Les grains de pollen sont très différents d'une fleur à l'autre. Leur enveloppe présente des dessins caractéristiques, et comme cette enveloppe est indestructible, elle se conserve indéfiniment dans le sol. C'est ainsi que les archéologues, en examinant au microscope des grains de pollen retrouvés dans des terrains anciens, peuvent savoir quelles sortes de plantes poussaient autrefois.

◄ Le cirse lancéolé

Composées
C'est une belle plante robuste, à la tige et aux feuilles piquantes, aux fleurs pourpres. Il pousse dans les prairies et les friches.

Juillet à octobre.

L'orchis mâle

Orchidacées
Ses feuilles sont souvent marquées de taches sombres. C'est la plus répandue des orchidées sauvages, tu peux en voir dans les prairies et les bois.

Avril à juin.

▼

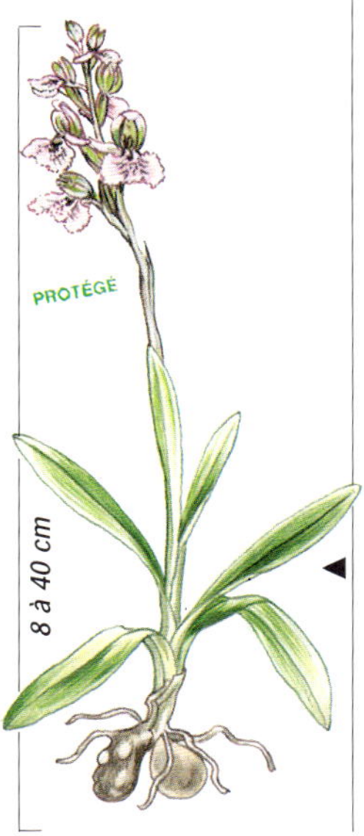

◄ L'orchis bouffon

Orchidacées
Un peu plus petit que l'orchis mâle, ses feuilles ne sont pas tachées et ses fleurs sont odorantes. Il vit dans les prairies sèches.

Avril à juin.

La centaurée scabieuse ►

Composées
Les petites fleurs échevelées qui forment le capitule sont plus grandes à la périphérie qu'au centre. Elle vit dans les prés secs.

Juillet-août.

Le chardon penché

Composées
Il doit son nom à ses fleurs parfumées qui sont courbées vers le sol. Il est répandu dans les prairies et les pâturages, surtout calcaires.

Juin à septembre.

▼

L'ophrys abeille

Orchidacées
Pour attirer les insectes, l'ophrys a pris l'aspect d'une abeille, avec son pétale inférieur brun et renflé. Il aime les prairies sèches et calcaires.

Juin-juillet.

▼

▲

La jusquiame noire

Solanacées
Elle n'est guère attirante, avec son odeur désagréable et ses poils gluants. Elle pousse dans les décombres et au bord des routes.

Juin à août.

Déguisements

Certaines orchidées ont trouvé une façon originale d'attirer les insectes, mouches, guêpes ou abeilles : elles ont pris leur apparence et même parfois leur odeur. Les insectes mâles essaient de s'accoupler avec la fleur et se chargent de pollen qu'ils déposent ensuite sur une autre fleur.

Fleurs roses des bois

▲
L'épilobe hérissé

Onagracées

Ses longues feuilles sont dentelées et couvertes de petits poils. Ses fleurs nombreuses et assez grandes (4 cm) ont 4 pétales ovales. On la trouve souvent dans les forêts humides et près des cours d'eau.

Juin à septembre.

L'épilobe des montagnes

Onagracées

Sa longue tige arrondie, ramifiée vers le haut, porte des feuilles vert clair, ovales et pointues et des petites fleurs rose pâle. Il vit fréquemment dans les bois et sur le bord des chemins.

Juin à septembre.

▼

L'asaret d'Europe ▲

Aristolochiacées

Ses feuilles vert brillant ressemblent à des cœurs, et ses fleurs en clochettes sont brunes à l'extérieur et pourpres à l'intérieur. Elle forme des tapis dans les forêts de feuillus.

Mars à mai

Le cyclamen d'Europe ▲

Primulacées

Cette petite plante très parfumée, surnommée la violette des Alpes, pousse surtout dans les forêts de montagne, mais elle est assez rare.

Juin à octobre.

Ombre ou soleil

Où vivre dans la forêt ? Sous-bois, lisières, coupes et clairières sont des petites oasis ensoleillées très recherchées par certaines espèces.
D'autres, au contraire, se cachent au plus profond de la forêt, là où le soleil ne pénètre presque jamais.

La lunaire vivace

Crucifères

Ses fleurs odorantes sont réunies en grappes. Ses fruits larges et plats sont pointus aux 2 extrémités. Transparents en hiver, ils s'ouvrent pour libérer les graines. On la trouve dans les bois de montagne.

Mai à juillet.

▼

▲

Le compagnon rouge

Caryophyllacées

Ses fleurs, nombreuses, ont 5 pétales très découpés qui en paraissent 10. Sa tige et ses feuilles sont velues. Il pousse sur les sols riches et peu acides, dans les forêts claires et les lisières.

Avril à septembre.

Tête d'oreille

Pour donner un nom aux plantes, les hommes ont parfois utilisé de simples ressemblances physiques. Ainsi la feuille de l'anémone hépatique ressemble à un foie. Et celle de la dorine, dont le nom latin signifie rate dorée, ressemble à une rate. Quant à l'asaret, qu'on appelle aussi oreille-d'homme, crois-tu qu'on l'appelle ainsi à cause de sa tête ?

Les bulbilles : prêtes à germer

Quand les bulbilles de la dentaire tombent, elles s'ancrent dans le sol et germent, donnant naissance à une nouvelle plante. Elles assurent ainsi une reproduction parallèle à la reproduction par pollinisation.

La dentaire à bulbilles ▲

Crucifères

Ses feuilles inférieures sont divisées, avec plusieurs folioles, et ses feuilles supérieures sont simples, légèrement dentées, et portent des espèces de boules sombres, les bulbilles. Elle aime les sols calcaires.

Avril à juin.

Dioïque ?

En latin, dioïque veut dire « à 2 habitations ». On appelle ainsi les plantes dont les fleurs mâles et femelles sont sur 2 pieds distincts. Pour qu'une fleur femelle soit fécondée, il faut qu'un insecte y dépose du pollen, pris sur une fleur mâle.

L'antennaire dioïque

Composées

Ses fleurs roses, rouges et parfois blanches, sont regroupées en haut d'une tige cotonneuse et blanchâtre. Elle vit dans les forêts claires de conifères, sur les sols pauvres et acides.

Mai à août.

La bruyère des neiges

Éricacées

Ses fleurs aux couleurs vives sont comme des boutons fermés. Elle vit dans les bois clairs et les pinèdes, en montagne.

Mars à mai.

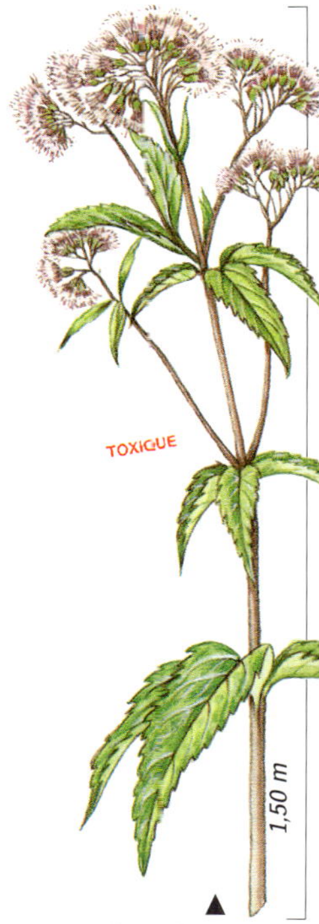

L'eupatoire chanvrine

Composées

Ses fleurs roses, réunies en capitules, donnent l'impression d'avoir été saupoudrées de sucre blanc, et attirent de nombreux insectes. On la trouve dans les haies et en bordures de forêts humides.

Juillet à septembre.

L'adénostyle à feuilles d'alliaire

Composées

Elle peut être assez impressionnante, avec un parterre de très grandes feuilles, une grande tige presque nue et des fleurs réunies en capitules. Elle pousse en groupes dans les forêts de montagne.

Juin à septembre.

▲ Le lis martagon

Liliacées

Ses grandes fleurs roses tachées de sombre, avec 6 étamines orangées au centre, retombent de part et d'autre d'une longue tige. On le trouve surtout dans les hêtraies et les forêts mixtes en montagne.

Juin à août.

La belladone ►

Solanacées

Elle a de grandes feuilles ovales pointues et des fleurs en cloche, solitaires. Ses fruits noirs sont très vénéneux. Elle pousse dans les clairières et en lisière des forêts.

Juin à août.

La cardamine des prés ▲

Crucifères

Ses fleurs rose pâle, à 4 pétales, sont réunies en grappes. Elle est très commune, et on la trouve souvent dans les bois qui bordent les rivières et les prairies humides.

Avril à juin.

◄ Le géranium herbe-à-Robert

Géraniacées

Les feuilles et la tige de ce géranium sauvage sont souvent rougeâtres. Ses fleurs ont 5 pétales striés de 3 rayures pâles et une odeur désagréable. On le trouve très souvent dans les bois et les haies.

Mai à octobre.

Faux cresson mais vraie salade

On appelle parfois la cardamine des prés faux cresson ou cressonnette, car ses feuilles, qu'on mange en salade, ont un goût qui se rapproche légèrement de celui du cresson des fontaines.

La bétoine officinale ►

Labiées

Ses fleurs sont réunies en de drôles d'épis compacts, et juste au-dessous de ses épis poussent quelques petites feuilles velues et crénelées. Elle apprécie les sols acides.

Juin à août.

La mélitte

Labiées

Sur sa tige carrée et velue, de grandes fleurs poussent par 2 ou 3 au-dessus de chaque feuille. Tu la trouveras dans les bois et les buissons, généralement sur des sols calcaires.

Mai à juillet.

▼

▲

L'épiaire des bois

Labiées

Ses fleurs sont réunies en haut de la tige. Ses feuilles velues poussent 2 par 2 et ont une odeur fétide quand on les froisse. Tu le trouveras dans les forêts de feuillus mélangés.

Juin à août.

La mélisse ▲

Labiées

Respire, la mélisse sent bon le citron. Ses feuilles ovales sont crénelées et épaisses. Elle pousse sur des sols bien exposés, se nichant souvent dans les pierres, les murs et les haies.

Juin à août.

Une odeur de coumarine

Si tu cueilles un bouquet de fleurs de mélitte ou d'aspérule odorante (*voir* p. 21), mets-le à sécher, tu sentiras au bout de quelques jours un parfum très agréable de « coumarine », l'odeur du foin fraîchement coupé.

Une histoire de bulbe

Les corydales stockent leurs réserves dans un bulbe, sorte d'oignon constitué de feuilles successives d'où sortira au prochain printemps un nouveau pied. Chez la corydale creuse, le bulbe est creux, alors que chez la corydale solide, il est plein.

La corydale creuse

Fumariacées

Ses nombreuses fleurs regroupées en épis sont tantôt blanches, tantôt roses. Elle pousse en importantes colonies dans les haies, les lisières et les bois clairs à sol riche.

Mars à mai.

Le lamier tacheté

Labiées

Ses grosses fleurs roses tachetées de blanc poussent juste à la naissance de ses feuilles qui ressemblent à des orties mais sentent bon quand on les froisse. Il pousse dans les forêts humides.

Avril à septembre.

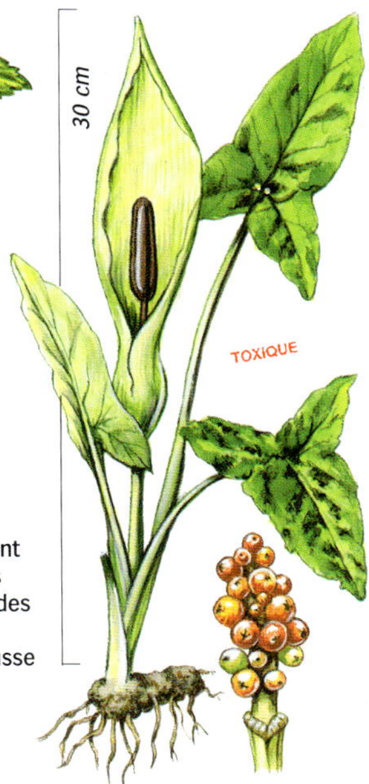

Le gouet tacheté

Aracées

Sa fleur ressemble à un cornet entrouvert, vert pâle ponctué de rouge, et ses feuilles pointues sont toutes... tachetées. Ses fruits rouges sont très toxiques. Il pousse sur les sols riches.

Avril-mai.

La corydale solide

Fumariacées

Ses fleurs, qui peuvent être comme chez la corydale creuse roses ou blanches, sont terminées par un éperon pointu recourbé vers le haut. Elle vit dans les forêts fraîches de feuillus.

Mars à mai.

La lathrée écailleuse

Scrofulariacées

Elle pousse au pied des arbres dans les forêts de feuillus, souvent en colonies. Sa tige est presque complètement couverte de petites fleurs rosées ou blanchâtres.

Avril-mai.

▼

Pour mieux voir

Pour mieux voir, tu peux glisser dans ta poche, quand tu pars en promenade, une petite loupe de botaniste. Grâce à elle tu pourras observer les plus petits détails de chaque plante, compter les pétales de plus petites fleurs, distinguer les étamines et le pollen, voir si certaines tiges sont rondes ou carrées, certaines feuilles velues ou non...

La digitale pourpre

Scrofulariacées

◀ L'intérieur de ses fleurs en clochette est parsemé de taches brunes entourées de blanc et muni de long poils. Tu la trouveras dans les clairières et les lisières de forêts de feuillus et mixtes.

Juin à août.

L'épipactis à feuilles larges ▲

Orchidacées

Ses feuilles supérieures sont rougeâtres, et ses feuilles inférieures vert foncé. Ses fleurs, nombreuses, sont à la fois vertes, roses et violettes. Commune, elle vit souvent sur les sols calcaires.

Juin à août.

▲

La céphalanthère rouge

Orchidacées

Tu la reconnaîtras à ses nombreuses fleurs d'un rose vif et uni, qui s'ouvrent largement à la floraison, et à sa tige couverte de poils vers le haut. Elle pousse sur les sols calcaires et glaiseux.

Mai à juillet.

La gesse printanière

Papilionacées

Ses fleurs, réunies en grappes (de 3 à 8 fleurs), sont d'abord rouges, puis violettes ou bleu-gris, parfois même blanches. Elle pousse dans les bois de feuillus et mixtes.

Avril-mai.

▼

▲

Le dictame blanc

Rutacées

Il répand une forte odeur, de citron ou de cannelle. Ses fleurs sont roses, veinées de rouge foncé. On le trouve dans les lisières ensoleillées de feuillus et de résineux et on l'appelle aussi fraxinelle car sa feuille évoque celle du frêne.

Mai-juin.

◀ La pulmonaire officinale

Boraginacées

Sur cette plante couverte de poils, les fleurs sont d'abord roses, puis violettes, et enfin bleues. Mais tu verras parfois des fleurs des 3 couleurs sur le même pied !

Mars à mai.

La gesse vivace

Papilionacées

Beaucoup plus grande que la gesse printanière, ses fleurs rouge pâle sont entourées d'une petite aile rouge pourpre. Elle vit dans les haies, les lisières et les bois de feuillus et mixtes.

Juillet-août.

▶

Choisir son sol

Les arbres ont chacun leurs préférences. Certains pins et certains chênes vivent davantage sur des sols pauvres, souvent acides ; les sapins préfèrent les sols riches et calcaires et les hêtres hésitent entre les deux.

Fleurs roses des montagnes

L'œillet des Chartreux ◄

Caryophyllacées PROTÉGÉ

Ses fleurs sont souvent regroupées, et entourées de feuilles fines. Tu le trouveras sur les pelouses sèches de toutes les montagnes.

Jusqu'à 2 500 m.
Juin à septembre.

Les Caryophyllacées

Les feuilles sont simples, entières. Les fleurs, régulières, ont souvent 5 pétales et sont groupées en « petits bouquets ».

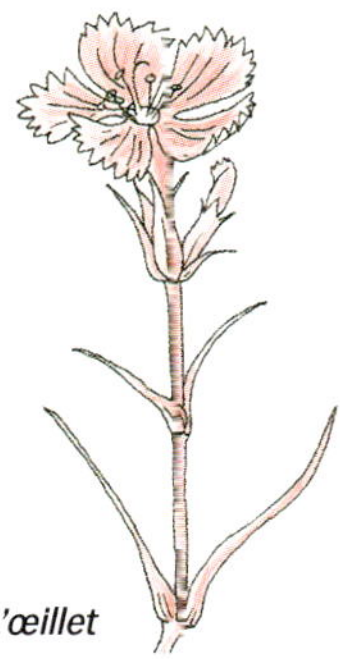

L'œillet

L'œillet négligé ▲

Caryophyllacées

Ses fleurs, assez grandes, sont en général isolées. Il pousse sur les pelouses et les versants rocheux des Alpes et des Pyrénées.

Jusqu'à 2 500 m.
Juillet-août.

La saponaire faux-basilic ►

Caryophyllacées

Ses tiges, très ramifiées, sont rampantes. Tu pourras l'observer sur les éboulis et les pelouses bien exposés dans les Alpes et les Pyrénées.

Jusqu'à 2 000 m.
Mai à octobre.

Le silène acaule ▼

Caryophyllacées PROTÉGÉ

Les pousses feuillées sont regroupées en coussinets fleuris. Il vit sur les éboulis rocheux et les pelouses de toutes les montagnes.

Jusqu'à 3 700 m.
Juin à septembre.

Le pétrocalle ▲ des Pyrénées

Crucifères PROTÉGÉ
Ses fleurs odorantes poussent en coussinets dans les fissures de rochers, sur les éboulis et les pelouses des Alpes et des Pyrénées.

1 500 à 3 000 m.
Juin-juillet.

La saxifrage à feuilles opposées

Saxifragacées PROTÉGÉE
Ses feuilles sont vert-bleuâtre. Elle pousse en coussinets dans les fissures rocheuses et les pelouses de toutes les montagnes.

Jusqu'à 3 500 m.
Avril à septembre.

▼

▲

La joubarbe à toile d'araignée

Crassulacées PROTÉGÉE
Ses feuilles sont couvertes de poils laineux blancs. On la voit sur les rocailles des Alpes, des Pyrénées et du Massif central.

Jusqu'à 3 000 m.
Juin à septembre.

La gypsophile rampante ►

Caryophyllacées
Ses fleurs sont blanches ou roses. Elle pousse sur les éboulis et les pelouses calcaires de toutes les montagnes.

1 000 à 3 000 m.
Mai à septembre.

Lutter contre le vent

En altitude, le froid n'est pas le seul ennemi : le vent souffle fort, rien ne l'arrête. Alors les buissons se tordent en grandissant, et la saxifrage pousse en boule rase et compacte, bien à l'abri entre des rochers.

Les Éricacées

Ce sont des arbrisseaux ou des arbustes qui poussent en général sur des sols acides.
Les feuilles sont épaisses et souvent persistantes.
Les fleurs ont 4 ou 5 pétales plus ou moins soudés.

L'azalée

Le colchique d'automne ▶ TOXIQUE

Liliacées
Chaque bulbe donne 1 ou 2 grosses fleurs ou plus parfois, en forme de coupe. Il pousse dans les prairies humides de toutes les montagnes.

Jusqu'à 2 300 m.
Août à octobre.

La ciboulette

Liliacées
Ses feuilles sont aussi fines et longues que sa tige. Elle pousse dans les prairies humides de toutes les montagnes, mais aussi dans les jardins.

1 000 à 2 500 m.
Mai à août.

◀ 

La callune vulgaire

Éricacées
Elle pousse en petit arbrisseau dans les landes et les sous-bois clairs au sol acide, dans toutes les montagnes.

Jusqu'à 2 700 m.
Juillet à octobre.

◀ 

La bruyère cendrée ▶

Éricacées
Ses fleurs en clochettes sont groupées en haut des tiges. Elle affectionne les landes et les sous-bois, dans toutes les montagnes.

Jusqu'à 1 500 m.
Juillet à septembre.

Le rhododendron ferrugineux

Éricacées
Ses fleurs sont regroupées en grappes au sommet des tiges. On le trouve sur les versants frais et rocheux de toutes les montagnes.

Jusqu'à 3 200 m.
Mai à août.

La pédiculaire verticillée

Scrofulariacées
Sa tige est velue. Ses feuilles sont très découpées.
Tu l'observeras sur les pelouses marécageuses et les tourbières.

1 500 à 3 100 m.
Juin à août.

L'azalée naine, ou loiseleurie

Éricacées
Ses feuilles sont épaisses. Elle est étalée en espaliers au ras du sol, sur les versants rocheux et les landes.

Jusqu'à 3 000 m.
Juin-juillet.

Acide ou calcaire ?

Impossible de trouver une bruyère sur un sol calcaire : les éléments minéraux qui le composent ne sont pas du tout au goût de cette plante. Pour d'autres, ce sera l'inverse : jamais de sol acide...

L'épilobe en épis, ou à feuilles étroites

Onagracées
Ses fleurs ont 4 pétales.
Il s'installe sur le bord des chemins et dans les éboulis de toutes les montagnes.

Jusqu'à 2 300 m.
Juin à septembre.

Le cirse acaule ▲

Composées
Il n'a pas du tout de tige, la fleur semble sortir de terre. Il affectionne les friches et les landes de toutes les montagnes.

Jusqu'à 2 500 m.
Mai à septembre.

L'adénostyle

Composées
Ses fleurs en tube sont groupées par 10 à 15. Elle se plaît dans les landes humides et sur les bords de ruisseaux de toutes les montagnes.

Jusqu'à 2 200 m.
Juillet-août.

▼

◄

La centaurée des montagnes

Composées
Elle a des fleurs de 2 couleurs : roses au milieu et bleues sur les bords. Elle pousse dans les prairies de toutes les montagnes.

Jusqu'à 2 300 m.
Mai à août.

La prénanthe ▲ pourprée

Composées
Ses fleurs se trouvent au sommet de tiges minces et souples. On peut la voir dans les sous-bois de toutes les montagnes.

Jusqu'à 2 000 m.
Juillet à septembre.

Les Gentianacées

Les feuilles sont entières et disposées 2 à 2 en opposition. Les fleurs, aux pétales soudés, sont soit solitaires soit regroupées en petits bouquets. Elles ne poussent qu'au grand soleil.

◄ Le cirse laineux

Composées
Ses feuilles sont très épineuses. Il est couvert de poils laineux. Il pousse dans les prairies et les broussailles de toutes les montagnes.

Jusqu'à 2 000 m.
Juillet à septembre.

L'aster des Alpes ▲

Composées PROTÉGÉ
Il ressemble à une marguerite avec un cœur doré. Tu pourras l'observer sur les pelouses calcaires de toutes les montagnes.

Jusqu'à plus de 3 000 m.
Juillet à septembre.

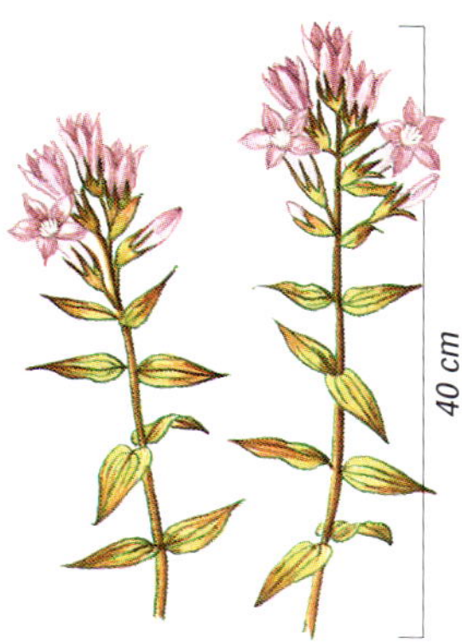

La gentiane ► d'Allemagne

Gentianacées
Ses fleurs sont roses ou blanches, et groupées en grappes. On la trouve dans les endroits humides et les friches du Jura et des Alpes.

Jusqu'à 2 700 m.
Août à octobre.

Vivre vite

Entre les dernières neiges de printemps et les premières de l'automne, il ne s'écoule guère plus de 5 mois. Les plantes doivent donc pousser, fleurir et mûrir à toute allure, avant de replonger dans un long sommeil hivernal.

La gentiane ▲ pourpre

Gentianacées
Ses feuilles sont regroupées par étages le long de la tige.
Elle vit dans les prairies et les bois clairs du Jura, des Alpes et du Massif central.

1 600 à 2 700 m.
Juillet à octobre.

La knautie ◄

Dipsacacées
Ses fleurs sont regroupées au sommet de longues tiges nues. On peut la voir sur les pelouses et les éboulis de toutes les montagnes.

Jusqu'à 2 000 m.
Juin à septembre.

La globulaire ponctuée ▼

Globulariacées
Ses feuilles sont disposées en rosette à la base de la tige. Tu pourras l'observer sur les pelouses sèches des Alpes et des Pyrénées.

Jusqu'à 2 300 m.
Avril à juin.

▲ La grassette vulgaire

Lentibulariacées
Ses feuilles charnues sont disposées en rosette.
Elle pousse sur les rochers et les éboulis humides de toutes les montagnes.

1 500 à 3 000 m.
Avril à août.

Les Orchidacées

Les feuilles, simples et entières, sont en général alternes et partent de la base de la tige. Les fleurs sont soit isolées soit groupées en épis et ont une forme très irrégulière.

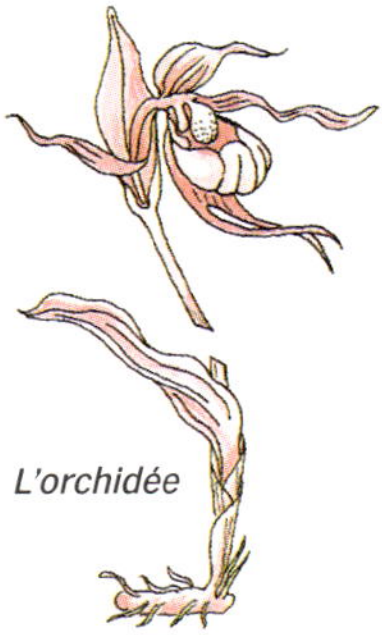

L'orchidée

L'armérie des Alpes ►

Plombaginacées
Elle pousse en coussinets dans les fissures de rochers, sur les éboulis et les pelouses des Alpes et des Pyrénées.

1 500 à 3 000 m.
Juin à septembre.

Les plus résistants

Les fleurs comme la grassette ont beau avoir des capacités étonnantes, il arrive une altitude où il fait vraiment trop froid pour s'installer... En général, au-dessus de 3 500 m, on ne trouve plus alors que des lichens, seuls capables de vivre dans ces conditions.

L'orchis brûlé ►

PROTÉGÉ

Orchidacées
Ses petites fleurs odorantes sont pourpres sur le dessus. Il vit dans les prairies et les pelouses de toutes les montagnes.

Jusqu'à 2 300 m.
Mai à août.

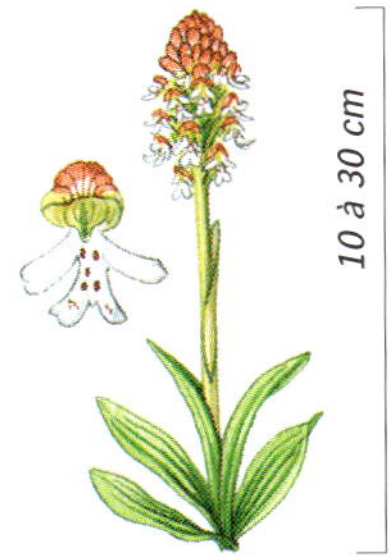

▲ PROTÉGÉ

L'orchis moucheron

Orchidacées
Ses feuilles, sans tache, sont allongées et pointues. Il pousse dans les prairies et les bois clairs de toutes les montagnes.

Jusqu'à 2 300 m.
Mai à août.

L'orchis vanillé, ou nigritelle noire ▲

Orchidacées
Ses fleurs dégagent une forte odeur de vanille. Tu pourras le découvrir dans les prairies sèches de toutes les montagnes.

Au-dessus de 1 500 m.
Juin à septembre.

Le géranium des bois

Géraniacées
Ses fleurs sont réunies par paires au sommet. On le trouve dans les prairies et les forêts humides de toutes les montagnes.

Jusqu'à 2 400 m.
Juin à août.

▼

Les Primulacées

Beaucoup ont des feuilles regroupées à la base de la tige, en rosette. Les fleurs ont souvent 5 pétales, soudés en partie et formant ainsi un petit tube.

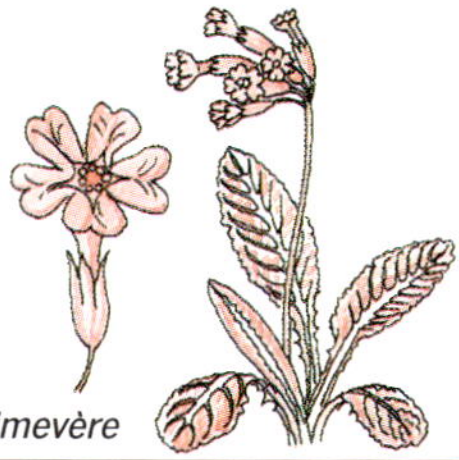

La primevère

Le trèfle ▲ des Alpes

Papilionacées
Ses feuilles sont formées de 3 folioles et ses fleurs sont odorantes. Il pousse sur les prairies au sol acide, dans toutes les montagnes.

1 500 à 3 100 m.
Juin à août.

L'églantier des Alpes ▶

Rosacées
Ses tiges portent des épines. Ses feuilles sont dentelées. Il pousse en buissons dans les sous-bois clairs de toutes les montagnes.

Jusqu'à 2 900 m.
Mai à août.

La potentille des marais ▶

Rosacées
Ses fleurs sont en forme d'étoile. On la trouve dans les endroits marécageux et les bords de ruisseaux de toutes les montagnes.

Jusqu'à 2 000 m.
Mai à juillet.

L'androsace carnée ◀

Primulacées PROTÉGÉE
Ses fleurs sont groupées en petites ombelles au sommet de tiges nues. Elle pousse sur les pentes rocheuses des Alpes et des Pyrénées.

Au-dessus de 2 000 m.
Juin à août.

Le sainfoin

Papilionacées
Ses feuilles sont composées de nombreuses folioles. On le voit sur les prairies et il a été semé artificiellement un peu partout.

Jusqu'à 2 000 m.
Juin à août. ▼

Le daphné camélée

Thyméléacées TOXIQUE
Ce petit arbrisseau a des fleurs regroupées en bouquets. Il vit sur les pelouses sèches et pierreuses des Alpes et des Pyrénées.

Jusqu'à 2 800 m.
Avril à août.
▼

▲

La primevère hirsute

PROTÉGÉE

Primulacées
Elle est couverte de poils glanduleux translucides. Elle pousse dans les éboulis, les pelouses rases, dans les Alpes et les Pyrénées.

Au-dessus de 1 500 m.
Avril à juin.

La soldanelle des Alpes ►

Primulacées
Ses fleurs sont finement découpées en lanières. Tu pourras l'observer sur les sols humides, dans toutes les montagnes.

Jusqu'à 3 000 m.
Avril à juin.

Versant sud, versant nord

Vivre d'un côté ou de l'autre d'une vallée n'est pas sans importance. Sur le versant exposé au sud, le soleil chauffe davantage ; il fait fondre la neige plus vite et diminue l'importance des gelées... Ainsi, l'églantier atteindra péniblement 2 500 m d'altitude côté nord, alors qu'il poussera jusqu'à 2 900 m côté sud.

Toutes sortes de bleus

Les colorants bleus et certains colorants rouges des fleurs appartiennent à la même famille de substances chimiques, les anthocyanes.
Ils se mélangent, donnant toutes sortes de bleus. Il est difficile de faire la différence entre les bleus violets et les pourpres foncés.

Fleurs bleues des champs

La véronique de Perse

Scrofulariacées
Elle a de jolies fleurs bleu ciel, avec un pétale inférieur blanc, qui se fanent vite. Elle fleurit presque toute l'année dans les jardins.

Mars à décembre.

La véronique petit-chêne

Scrofulariacées
Elle est ravissante avec ses fleurs finement rayées de bleu plus foncé, au cœur d'un blanc pur. Mais elle est si fragile qu'il est inutile de la cueillir.

Avril à juillet.

La véronique filiforme

Scrofulariacées
C'est une plante grêle, rampante, aux petites fleurs solitaires sur leur pédoncule, que l'on trouve dans les jardins et les cimetières.

Mars à mai.

La véronique des champs

Scrofulariacées
Les petites fleurs bleues sont disposées en grappes à la base des feuilles. C'est une mauvaise herbe des champs et des jardins.

Avril à août.

Le géranium des prés

Géraniacées ►
Ses fleurs aux pétales d'un beau bleu vont par paires sur les tiges. Il aime les prairies ensoleillées.

Juin à septembre.

Le pied-d'alouette

Renonculacées
◄ Il est élégant avec sa corolle prolongée par un éperon contenant du nectar. Fleur sauvage des champs de blé, il est cultivé dans les jardins.

Juin à août.

L'anémone pulsatille

Renonculacées
Sa tige courte porte une fleur solitaire, très velue. Elle est de plus en plus rare et ne pousse que sur les sols incultes et non fertilisés.

Mars à mai.

▼

▲

Le myosotis des champs

Borraginacées
C'est une plante velue, aux petites fleurs bleues à cœur jaune. Il est très répandu dans les champs au sol plutôt sec.

Avril à août.

Opération séduction

Pétales bleus à nervures plus foncées et cœur d'un blanc éclatant : c'est un message que la véronique petit-chêne adresse aux insectes pour signaler sa présence et les guider vers l'endroit où se cachent le nectar et le pollen. Les couleurs que l'abeille voit le mieux sont le bleu et le jaune.

L'horloge des fleurs

De nombreuses fleurs s'ouvrent à heures régulières.

5-6 h : le coquelicot, la chicorée sauvage

6-7 h : la marguerite, le pissenlit

7-8 h : le bleuet, le liseron des champs

8-9 h : la campanule

9-10 h : le géranium

10-11 h : la mauve

11-13 h : la pâquerette

13-14 h : le liseron des champs se referme.

22 h : le compagnon blanc

La bugle rampante

Labiées
Ses fleurs sont groupées à la base des feuilles. Elle pousse isolée ou en plaques sur les pelouses.

Avril à juin.

La brunelle commune

Labiées
C'est une plante rase, avec une tige rampante et des fleurs regroupées en épi court. Elle fleurit sur les pelouses tondues.

Juin à septembre.

La chicorée sauvage

Composées
Ses fleurs bleu vif s'ouvrent à l'aube et se referment à midi. Elle pousse le long des routes et dans les terrains vagues.

Juillet-août.

Le bleuet

Composées
Il est superbe avec sa tête ébouriffée d'un bleu vif. C'est une mauvaise herbe des champs de blé, que l'on voit de plus en plus rarement à l'état sauvage.
Juin à août.

La campanule agglomérée

Campanulacées
Ses fleurs sans pédoncule forment des petites touffes arrondies. Elle est fréquente dans les prairies, sur les sols un peu caillouteux.
Juin à septembre.

La campanule à feuilles rondes

Campanulacées
Elle a des feuilles arrondies à la base de la tige et des fleurs penchées vers le sol. Elle est commune dans les prairies sèches.
Juin à septembre.

La sauge des prés

Labiées
Elle est velue, un peu gluante. Ses racines s'enfoncent jusqu'à 1 m sous terre, lui permettant de vivre dans les terrains secs.
Mai à juillet.

La knautie des champs

Dipsacacées
Les capitules d'un joli bleu qui s'épanouissent au sommet des tiges sont formés de petites fleurs serrées. Elle est très répandue dans les prairies sèches.
Mai à octobre.

Des colonies de fleurs dans les bois

Les petites pervenches, comme les violettes des bois et beaucoup d'autres fleurs sauvages, se répandent en grand nombre grâce à leurs « stolons », sortes de tiges souterraines qui s'étendent tout autour d'elles et donnent naissance à de nouveaux pieds qui, à leur tour, se multiplieront de la même façon. C'est grâce à leurs stolons, par exemple, que les orties repoussent toujours quand on les coupe !

Fleurs bleues des bois

L'anémone hépatique

Renonculacées

Ses feuilles en forme de trèfle sont assez épaisses, vert foncé, souvent tachées de rouge sombre. Elle pousse en colonies, surtout en montagne sur les sols calcaires.

Mars-avril.

La petite pervenche

Apocynacées

Regarde ses fleurs : elles ont 5 pétales asymétriques, à bord oblique. Souvent présente dans les jardins, elle pousse dans les forêts de feuillus et mixtes à sol riche et humide.

Avril à juin.

La morelle douce-amère

Solanacées

Ses fleurs ont 5 pétales très ouverts qui entourent un cône jaune clair très caractéristique. Ses fruits, petites baies rouges, sont toxiques. Elle vit sur les sols riches et humides.

Juin à août.

Bon pour la petite pervenche !

C'est une vieille expression qui désigne quelqu'un qui a tendance à perdre la mémoire car il paraît qu'autrefois, on donnait des infusions de petite pervenche aux personnes âgées pour les aider à retrouver la mémoire.

Le laiteron des Alpes

Composées

◄ Sa tige violacée et le bouton de ses fleurs sont couverts de poils hérissés. Il ne pousse qu'en montagne, dans les forêts mixtes, les lisières et les clairières.

Juillet-août.

▲

La véronique officinale

Scrofulariacées

Sa tige rampante est velue, et ses fleurs à 4 pétales, réunies en haut de la plante, sont bleu pâle avec des traits foncés. Elle forme souvent des tapis dans les forêts à sol sec.

Juin à août.

◄ La véronique germandrée

Scrofulariacées

Ses feuilles sont opposées, 2 par 2, et dentelées. Ses fleurs bleu pâle sont réunies en grappes allongées. Elle pousse dans les bois clairs, généralement à sol calcaire.

Mai à août.

Noms de fleurs, noms de filles

Des Véronique, tu en connais sûrement autour de toi, mais savais-tu que ce prénom, comme d'autres, Anémone, Narcisse ou Érica, était un nom de fleur ? Et les garçons, alors, où trouvent-ils leurs prénoms ?

▲

La véronique en épi

Scrofulariacées

Ses fleurs bleu vif, très nombreuses, forment un épi serré, en haut d'une tige velue. Tardive, assez rare, elle est complètement absente de l'ouest de la France.

Juillet à septembre.

Fleurir vite

Certaines fleurs, violettes, jacinthes ou nivéoles, se dépêchent de sortir dès la fin de l'hiver, avant que les feuilles des arbres aient complètement poussé et cachent le ciel et la lumière.

La violette hérissée

Violacées

Ses feuilles sont légèrement velues et ses fleurs n'ont aucun parfum. Toutes ses feuilles partent directement du pied de la plante. Elle pousse dans les bois ensoleillés.

Mars à mai.

▼

▲

La violette odorante

Violacées

Comme la violette hérissée, toutes ses feuilles partent du pied de la plante, mais par contre son parfum est très fort. On la trouve dans les forêts de feuillus et mixtes.

Mars à juin.

La violette des bois

Violacées

Ses tiges se ramifient, portant chacune plusieurs feuilles et fleurs. Les pétales de ses fleurs violet clair sont allongés, et sa feuille est plus longue que large, en forme de cœur et pointue.

Mars à juin.

▼

▲

L'aconit napel

Renonculacées

Ses feuilles sont complètement découpées en fines palmes, et ses fleurs réunies en grappes très denses. Il vit dans les forêts de montagne, près des rivières.

Mai à septembre.

La campanule à feuilles de pêcher

Campanulacées

Ses fleurs sont très ouvertes, à peu près aussi longues (4 cm) que larges. On la trouve dans les lisières et les forêts de feuillus et mixtes ensoleillées.

Juin à août.

La campanule gantelée

Campanulacées

Sa tige, ses feuilles et ses fleurs sont entièrement couvertes de poils raides. Ses feuilles sont ovales ou triangulaires. Elle pousse dans les forêts de feuillus et mixtes claires.

Juillet à septembre.

La raiponce noire

Campanulacées

Ses toutes petites fleurs violettes presque noires sont rassemblées en un épi compact au bout d'une tige simple et dressée. Elle pousse sur les sols humides et riches.

Mai à juillet.

Drôles de surnoms

Herbe aux sorcières, herbe au diable, aux goutteux, aux charpentiers ou aux femmes battues... nombreuses sont les plantes qui gardent trace par leur surnom de croyances anciennes. Le nom désignait tantôt des propriétés médicinales, tantôt des ressemblances physiques...

La campanule à feuilles larges

Campanulacées

Ses grandes fleurs en clochette poussent toutes du même côté. Assez rare, on ne la trouve que dans les forêts de montagne.

Juin à août.

Une pensée pour les fleurs

Beaucoup de fleurs sont en danger et disparaissent petit à petit. Certaines sont désormais protégées officiellement, d'autres se raréfient doucement. Pour leur donner une chance, laisse-les pousser et contente-toi de les admirer... dans les bois.

Le lierre terrestre

Labiées

Ses feuilles rondes sont vert foncé luisant sur le dessus, vert pâle mat sur le dessous, et persistent tout l'hiver. Cette plante rampante pousse dans les forêts humides, les haies et les chemins.

Avril à juin.

La scille à 2 feuilles

Liliacées

Ses 2 feuilles étroites entourent sa tige dressée, et ses petites fleurs forment des étoiles à 6 pétales. Elle pousse couramment dans les forêts de feuillus claires du Nord-Est et du Centre.

Mars-avril.

La jacinthe des bois

Liliacées

Ses fleurs bleues en clochettes sont étroites et odorantes, et ses feuilles longues et fines retombent légèrement. Elle pousse surtout dans les régions atlantiques.

Avril à juin.

Bouquets

Tout au long de la promenade, il y a des fleurs partout. Tu rêves d'un énorme bouquet, de rentrer à la maison les bras pleins de fleurs. Mais la maison est peut-être loin et, une fois coupées, les fleurs se fanent vite. Alors sois raisonnable. Cueille ton bouquet sur le chemin du retour, et protège-le pour le voyage. Pour cela, emporte avec toi un sac en plastique. Mets au fond une poignée d'herbe bien mouillée. Quand tu cueilles des fleurs, pose-les dans le sac. Tiens le sac fermé. En arrivant à la maison tes fleurs seront restées toutes fraîches.

La vesce à bouquets

Papilionacées

Ses feuilles à nombreuses folioles se terminent en vrille. Ses fleurs forment de grandes grappes. Elle fleurit dans les haies, les lisières et les buissons.

Mai à août.

▼

La vesce des haies

Papilionacées

Ses feuilles se terminent par des vrilles grâce auxquelles elle peut s'accrocher aux plantes voisines. Ses fleurs varient du bleu au brun. Elle pousse dans les bois clairs et les clairières.

Mai à août.

▼

▲

Le myosotis des bois

Borraginacées

Ses feuilles, poussant 2 par 2, sont couvertes de petits poils hérissés, et ses petites fleurs bleu vif sont réunies en grappes. Il vit sur les chemins et dans les bois humides.

Mai à juillet.

Le lupin vivace ►

Papilionacées

Ses feuilles ressemblent à de grandes étoiles aux nombreuses branches. Ses fleurs forment un grand épi très régulier. On le trouve dans les clairières et les lisières.

Juin à septembre.

Graine de scille

Pour assurer sa survie et étendre son territoire, la scille a trouvé la solution. Ses graines ont une partie collante et sucrée qui attire les fourmis. Celles-ci les emportent, mangent la partie sucrée et déposent la graine un peu plus loin. C'est déjà un pas de gagné !

Les Campanulacées

Les fleurs ont le plus souvent 5 pétales soudés, donnant une forme de clochette. Elles sont en général regroupées en grappes.

Fleurs bleues des montagnes

La gentiane printanière

Gentianacées
Ses petites fleurs semblent directement sortir de terre.

Jusqu'à 2 800 m.
Mars à août.

La gentiane acaule, ou de Koch

PROTÉGÉE

Gentianacées
Ses grosses fleurs sont en forme de vase. Tu pourras l'observer sur les pentes rocailleuses et les pâturages des Alpes et des Pyrénées.

1 000 à 2 800 m.
Mai à août.

La violette des Pyrénées

Violacées
Ses fleurs apparaissent avant le développement complet des feuilles. Elle pousse sur les éboulis des Alpes et des Pyrénées.

1 000 à 2 000 m.
Mars à juillet.

La linaire alpine

Scrofulariacées
Ses fleurs, munies d'un éperon, ont une tache jaune au centre. Elle pousse en rampant sur les pentes rocheuses des Alpes et des Pyrénées.

1 500 à 3 000 m.
Juin à septembre.

L'ancolie commune

Renonculacées
Ses fleurs se trouvent au bout de longues tiges ramifiées. Elle vit dans les prairies, les pâturages et les éboulis de toutes les montagnes.

Jusqu'à 2 000 m.
Mai à juillet.

Le chardon bleu

Ombellifères PROTÉGÉ

Ses feuilles sont couvertes de piquants. Il pousse sur les prairies sèches. Il existe 2 espèces, l'une alpine, l'autre pyrénéenne.

1 000 à 2 300 m.
Juillet à septembre.

▼

La raiponce orbiculaire ▲

Campanulacées

Ses fleurs regroupées forment une boule chevelue. On la trouve sur les prairies et les pelouses sèches de toutes les montagnes.

Jusqu'à 2 600 m.
Mai à septembre.

▼ La campanule de Scheuchzer

Campanulacées

Ses feuilles sont arrondies à la base, et fines le long de la tige. Elle pousse en forêt et sur les pelouses dans toutes les montagnes.

1 500 à 3 000 m.
Juillet à septembre.

La campanule fluette ►

Campanulacées

C'est une campanule miniature. Elle affectionne les éboulis et les pelouses calcaires des Alpes et des Pyrénées.

Jusqu'à 3 000 m.
Juin à septembre.

La clématite des Alpes

Renonculacées PROTÉGÉE

Cette plante grimpante a de longues tiges souples. Elle pousse dans les broussailles et les sous-bois clairs du Jura et des Alpes.

Jusqu'à 2 900 m.
Mai à août.

▼

Fleurs vertes des champs

Le chénopode blanc

Chenopodiacées
On l'appelle « blanc » car le dessous des feuilles est blanchâtre et ses fleurs semblent poudrées de blanc. Il aime les sols riches, les champs et les décombres.

Juillet à septembre.

L'arroche étalée

Chenopodiacées
Elle a des feuilles coniques et dentées vers le bas de la tige, allongées et pointues vers le haut. C'est une mauvaise herbe des champs de légumes.

Juillet à octobre.

La grande ortie

Urticacées
Gare aux poils de ses feuilles ! Au moindre frôlement, ils provoquent brûlures et démangeaisons. Elle pousse partout.

Juin à septembre.

Les envahisseuses

Le bétail ne broute jamais les euphorbes toxiques. Celles-ci prospèrent dans les pâturages où elles se multiplient à leur guise et s'épanouissent en hauteur au milieu de l'herbe rase.

La mercuriale annuelle

Euphorbiacées
Elle a des fleurs femelles fixées par 2 ou 3 près des feuilles, et des fleurs mâles en épis. C'est une mauvaise herbe des champs et des jardins.

Juin à octobre.

▼

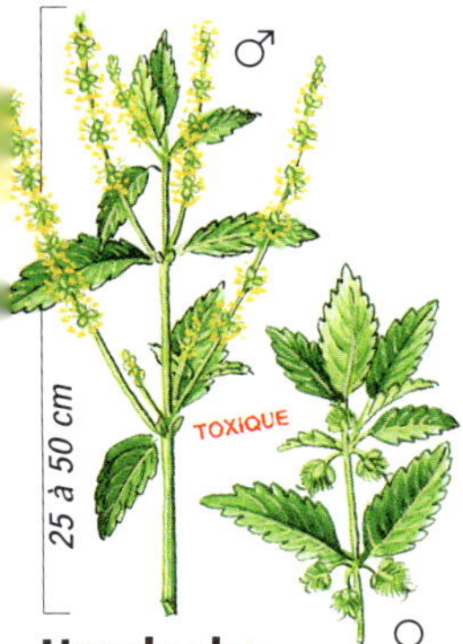

L'euphorbe réveil-matin

Euphorbiacées
Ses fleurs minuscules se cachent dans une coupe entourée d'espèces de petites feuilles vert-jaunâtre, les bractées. Elle pousse partout.

Avril à octobre.

▼

▲

L'alchémille des champs

Rosacées
Sa tige rampante porte des feuilles divisées en 3 et des fleurs minuscules. Elle pousse dans les champs et le long des chemins.

Mai à septembre.

▲

La patience crépue

Polygonacées
Elle ressemble au rumex mais ses feuilles sont étroites, à bord sinueux et frisé, et ses fruits arrondis. Elle est répandue dans les terrains vagues.

Juillet à septembre.

Guerre chimique

Pour se protéger, l'ortie a choisi l'arme chimique : elle est couverte de poils qui libèrent une goutte de liquide irritant au plus léger contact. Cela ne gêne pas de nombreux papillons qui s'en nourrissent. La cuisson fait disparaître cette propriété et les orties font des soupes délicieuses.

Le rumex à feuilles obtuses

Polygonacées
Il porte de grandes feuilles sauf vers le haut des tiges où les fleurs sont disposées en anneaux. C'est une mauvaise herbe tenace.

Juin à septembre.

▼

Fleurs vertes

Observe bien les fleurs vertes, elles sont presque invisibles et n'attirent pas les insectes. Pour que la fécondation puisse se faire, elles doivent produire d'énormes quantités de pollen, disséminé par le vent. Elles sont redoutables pour les rhumes des foins !

Le chiendent ▲

Graminées
Ses épillets sont collés à la tige. Il envahit cultures et pelouses grâce à sa longue tige souterraine. Impossible de s'en débarrasser !

Juin à août.

◄ La houlque laineuse

Graminées
On l'appelle laineuse parce que ses feuilles d'un vert blanchâtre sont très velues. Tu en verras dans les prés et au bord des chemins.

Juin à septembre.

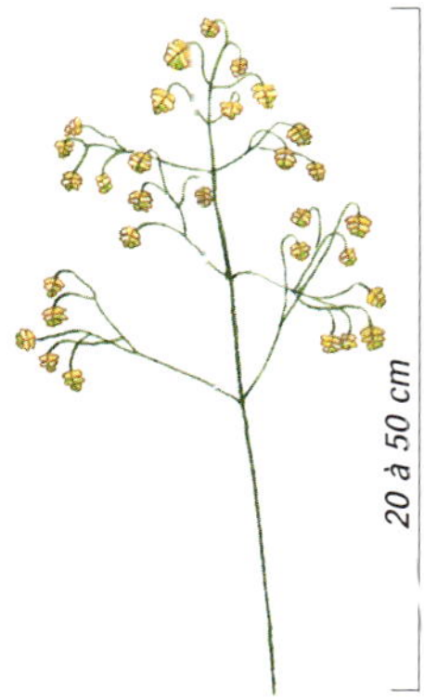

La brize ▲

Graminées
Aérienne avec ses épillets en forme de cœur qui frémissent au moindre souffle d'air, elle fait de jolis bouquets. Elle aime les terrains secs.

Mai à août.

Le ray-grass anglais

Graminées
Bien vert avec ses petites feuilles étroites et luisantes, et très robuste, on le plante pour avoir de belles pelouses résistantes.

Mai à novembre.

▼

Le pâturin annuel

Graminées
C'est la plus courante des graminées. Elle est vert pâle, avec des épis blanchâtres, tu en trouveras partout, même en ville, entre les pavés des rues peu fréquentées.

Toute l'année.

▼

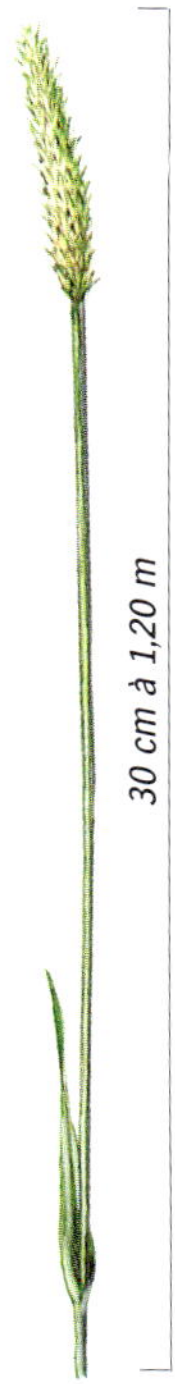

▲

La folle avoine

Graminées
Elle a l'air tout fou avec ses petits épillets pendants, à 2 longues barbes tordues. C'est une mauvaise herbe des cultures.

Juin à août.

Le dactyle ▲

Graminées
Tu le reconnaîtras facilement à ses feuilles rugueuses et à ses épis formant des touffes épaisses. C'est un excellent fourrage.

Mai à novembre.

▲

Le vulpin

Graminées
Il doit son nom à son épi en queue de renard (renard se dit *vulpes* en latin). C'est un excellent fourrage des prairies grasses.

Mai à juillet.

Reconnaître les graminées

Il n'y a rien qui ressemble plus à un brin d'herbe qu'un autre brin d'herbe. Regarde-les de plus près : les épis que portent les graminées sont tous différents. Leurs fleurs y sont bien cachées !

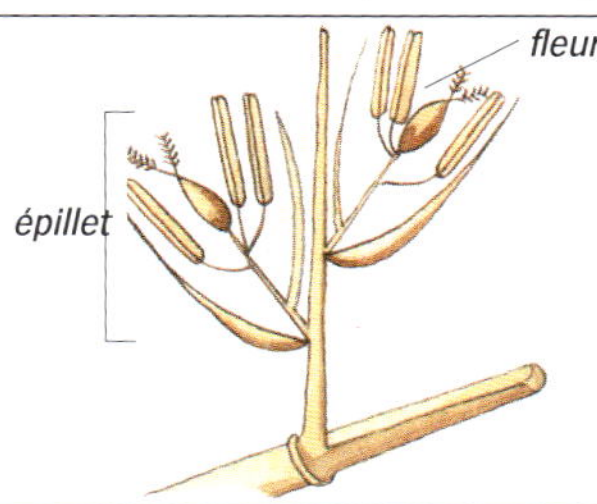

Fleurs vertes des bois

La moscatelline ►

Adoxacées

Si tu regardes de très près sa fleur, tu verras qu'elle est composée de 5 petites fleurs. Discrète, elle sent très légèrement le musc, et peuple les bois frais et humides.

Mars à mai.

L'euphorbe ▲ des bois

Euphorbiacées

Multicolore, elle a une tige rougeâtre, des feuilles vert foncé au pied et des fleurs vert-jaune. En cassant sa tige ou l'une de ses feuilles, tu verras un liquide blanc et laiteux couler. Attention, il est très vénéneux.

Avril-mai.

La parisette

Liliacées

On la reconnaît à ses 4 feuilles en croix. Sa drôle de fleur aux longs pétales est souvent surmontée d'une baie noire très toxique. Elle vit surtout dans les forêts humides de feuillus.

Mai-juin.

▼

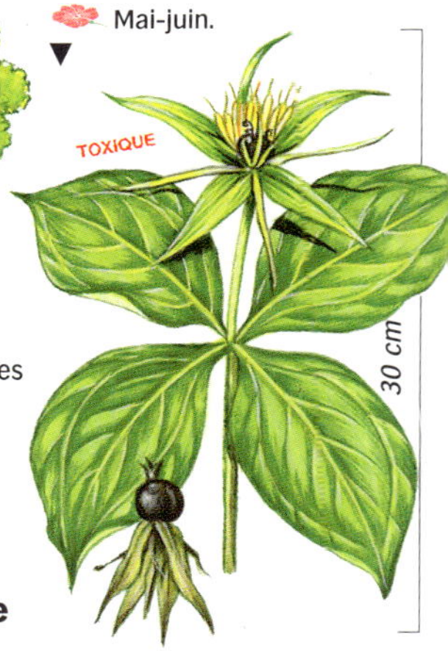

La dorine ▲ à feuilles alternes

Saxifragacées

Ses fleurs à 4 pétales poussent groupées, entourées de quelques feuilles. Elle vit sur les bords des rivières, près des sources et des ruisseaux de forêt.

Mars à juin.

La mercuriale vivace ◄

Euphorbiacées

Ses feuilles sont presque toutes réunies en haut de sa tige, et quand on les froisse, elles sentent mauvais. Ses fleurs sont si petites qu'elles passent inaperçues. Très commune, elle forme souvent des colonies.

Mars à mai.

De vrais parasites...

La lathrée écailleuse, le monotrope sucepin et le nid-d'oiseau n'ont pas besoin du soleil pour vivre. Incolores, ils ne produisent pas de chlorophylle, mais puisent leur énergie chez les autres plantes, arbres ou champignons, sur lesquelles ils vivent, ou dans des débris végétaux.

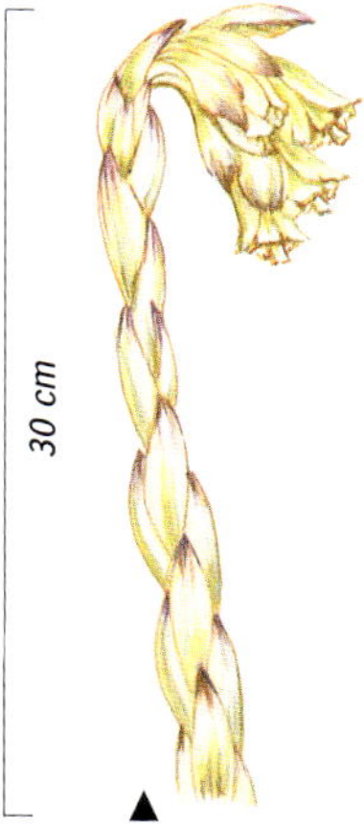

L'hellébore fétide

Renonculacées

Comme l'indique son nom, ses fleurs, petites clochettes arrondies, ne sentent vraiment pas bon. Ses feuilles divisées restent vertes tout l'hiver. Elle vit surtout dans les forêts sèches à sol calcaire.

Février à avril.

Le monotrope sucepin

Pyrolacées

Complètement décoloré, il courbe la tête sur ses grappes de fleurs et répand en fin de journée une forte odeur suave. On le trouve généralement dans les forêts de conifères et les forêts mixtes.

Juin à août.

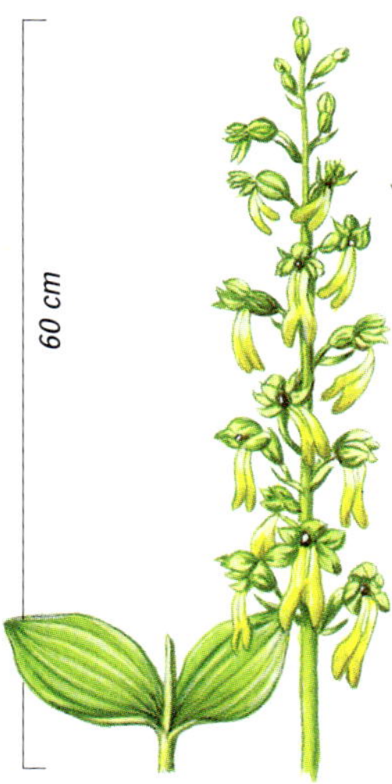

La listère ovale

Orchidacées

Sa longue tige dressée porte 2 larges feuilles ovales et se termine en un épi portant de nombreuses fleurs vert-jaunâtre. Elle vit dans les bois humides et les lisières ombragées.

Mai à juillet.

Un vrai poison

Alors que certaines plantes ne sont que partiellement toxiques, l'euphorbe des bois, elle, l'est de la tête aux pieds ! Le lait blanc qui coule quand on coupe la tige est un poison qui brûle la peau et peut rendre aveugle s'il touche les yeux. Quant aux graines, elles pourraient t'envoyer à l'hôpital si, par mésaventure, tu essayais d'y goûtais. Ainsi évite absolument de la toucher et contente-toi de la regarder... de loin.

Toute une légende

La parisette a une drôle d'histoire ; on dit que son nom viendrait de celui d'un prince grec, Pâris, et raconterait l'histoire de la guerre de Troie. Les quatre feuilles représenteraient le prince face aux déesses Aphrodite, Athéna et Héra, et le petit rond la pomme qui lui fut offerte et déclencha la guerre. Une version plus simple dit que la parisette s'appelle ainsi car ses pétales et ses feuilles sont tous en quantités « paires ».

Fleurs vertes des montagnes

L'oseille ▲ des Alpes

Polygonacées
Ses larges feuilles peuvent dépasser 50 cm de longueur ! Tu la trouveras sur les pâturages et autour des bergeries, dans toutes les montagnes.

Jusqu'à 2 800 m.
Juin à août.

L'hellébore vert ▲

TOXIQUE

Renonculacées
Ses feuilles sont très découpées. Il vit dans les forêts de feuillus et de résineux de toutes les montagnes.

Jusqu'à 1 600 m.
Janvier à mai.

L'épinard sauvage

Chénopodiacées
Ses fleurs sont en grappes serrées au sommet des tiges. Il pousse au bord des chemins de toutes les montagnes.

Jusqu'à 2 800 m.
Mai à octobre.
▼

L'alchémille des Alpes

◄

Rosacées
Ses petites fleurs sont en grappes compactes. Elle pousse en rampant sur les pâturages et les pelouses rocheuses de toutes les montagnes.

1 500 à 2 600 m.
Juin à août.

Les Rosacées

Les feuilles peuvent avoir des formes très variées. Les fleurs, au contraire, sont toutes régulières et ont le plus souvent 5 pétales. Elles ont en général un grand nombre d'étamines.

La rose

▲

Le vérâtre blanc

Liliacées TOXIQUE
Ses fleurs sont regroupées le long d'une tige dressée. Il pousse dans les prairies fraîches et humides et les sous-bois de toutes les montagnes.

Jusqu'à 2 300 m.
Juillet-août.

L'euphorbe à feuilles d'amandier

TOXIQUE

Euphorbiacées
Ses fleurs ressemblent à des petites feuilles. Tu pourras l'observer dans les forêts de toutes les montagnes.

Jusqu'à 1 700 m. ▼
Avril à juin.

▲

Le saule rampant

Salicacées
Les arbustes femelles et mâles sont distincts. Il pousse en rampant dans les prairies marécageuses de toutes les montagnes.

Jusqu'à 1 700 m.
Avril-mai

Le plantain des Alpes ►

Plantaginacées
Ses feuilles étroites sont toutes à la base de la tige, disposées en rosette. On le voit sur les pelouses des Alpes et des Pyrénées.

1 000 à 1 700 m.
Mai à août.

La myrtille ▲

Éricacées
Cet arbrisseau a des feuilles toutes petites. Il pousse en forêt, dans les landes de toutes les montagnes.

Jusqu'à 2 300 m.
Mai-juin.

Abritées sous la neige

Au siècle dernier des scientifiques ont ramené des fleurs de montagne pour les planter en plaine. Or, surprise, elles furent détruites par le gel, alors qu'elles résistaient très bien en altitude !
Ces savants avaient oublié que là-haut, en montagne, ces plantes passaient l'hiver sous une épaisse couche de neige qui les protégeait complètement du gel… En plaine, confrontées à ce froid, elles furent incapables de survivre.

Index

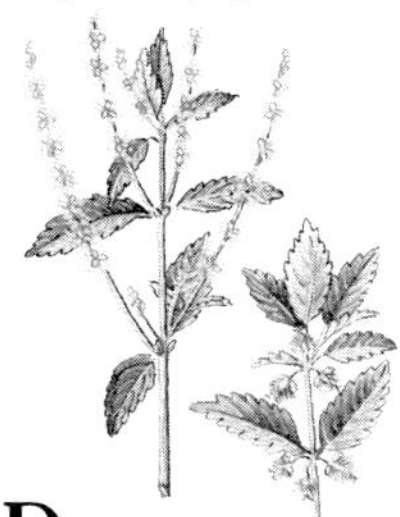

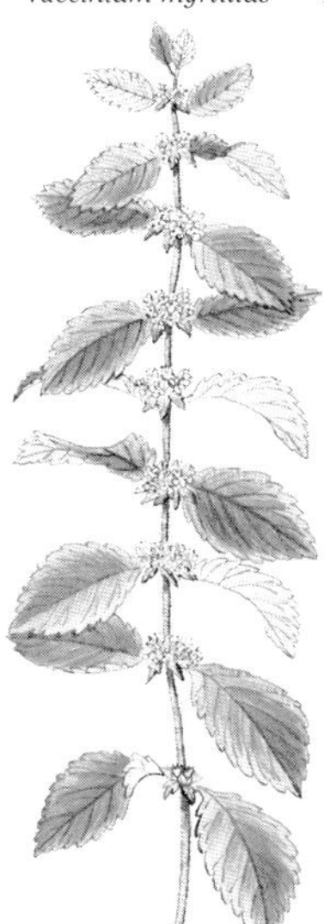